U0524974

国际政治经济学研究丛书
主编 张宇燕

On the Contemporary Values of
Confucian Political Ethics

儒家政治伦理的
当代价值研究

田旭 著

中国社会科学出版社

图书在版编目（CIP）数据

儒家政治伦理的当代价值研究／田旭著. —北京：中国社会科学出版社，2022.4
（国际政治经济学研究丛书）
ISBN 978-7-5227-0104-2

Ⅰ.①儒… Ⅱ.①田… Ⅲ.①儒家—政治伦理学—研究—中国 Ⅳ.①B222.05 ②B82-051

中国版本图书馆 CIP 数据核字（2022）第 072047 号

出 版 人	赵剑英
责任编辑	张　潜
责任校对	党旺旺
责任印制	王　超

出　　版	中国社会科学出版社
社　　址	北京鼓楼西大街甲 158 号
邮　　编	100720
网　　址	http://www.csspw.cn
发 行 部	010-84083685
门 市 部	010-84029450
经　　销	新华书店及其他书店
印　　刷	北京明恒达印务有限公司
装　　订	廊坊市广阳区广增装订厂
版　　次	2022 年 4 月第 1 版
印　　次	2022 年 4 月第 1 次印刷
开　　本	710×1000　1/16
印　　张	15
插　　页	2
字　　数	203 千字
定　　价	78.00 元

凡购买中国社会科学出版社图书，如有质量问题请与本社营销中心联系调换
电话：010-84083683
版权所有　侵权必究

总　序

张宇燕[*]

　　为了繁荣和发展中国哲学社会科学，2016年中国社会科学院推出了"登峰计划"，力求重点打造一系列优势学科。世界经济与政治研究所承担了两项优势学科建设任务，国际政治经济学便是其中之一。将国际政治经济学作为研究所优势学科之一加以建设，主要出于三点考虑：其一，在经济与政治相互作用与融合越发深化的世界中，以经济学视角看待政治、以政治学视角看待经济，或是以政治经济学视角看待世界，实乃大势所趋，而且也是发挥世界经济与政治研究所优势的有效途径；其二，当今世界的许多大事，比如全球治理、打造新型国际关系、构建人类命运共同体等，都需要有跨学科的、特别是政治与经济相结合的理论探讨与政策手段；其三，研究所有一批熟稔世界经济和国际政治的专家学者，他们在各自的研究领域内都取得了不小的学术成就。

---

[*] 作者系中国社会科学院学部委员，世界经济与政治研究所研究员、所长。

国际政治经济学并不是一个新学科。长期以来，它作为国际政治学或国际关系学的一个重要分支存在了数十年，其基本研究路径是以政治学和历史学为基础对国际或全球经济问题加以研究。近年来，越来越多的学者以经济学、特别是经济学中的政治经济学理论来分析国际政治或国际关系，并尝试在此基础上发展出一门新的学科分支——国际经济政治学。今天的世界和今天的中国一方面从昨天走来，另一方面又与昨天有显著的不同。一度势不可当的全球化如今进入崎岖的历史路段便是一例。面对新形势，形成以马克思主义为指导、有中国特色国际政治经济学，对身处中华民族伟大复兴新时代的中国专家学者而言既是机遇，更是责任。

在众多国际政治经济学可以施展的研究领域中，对"一带一路"建设的研究应该是最能发挥其独特优势的领域了。"一带一路"建设既是研究我国改革发展稳定重大理论和实践问题为主攻方向之一，也是发展中国理论和传播中国思想的重要依托。这一点可以从"一带一路"建设的五大内容——与政治经济均高度相关的"五通"——中得到充分反映。自2013年"一带一路"倡议提出以来，中国一直大力推进并且取得了一系列积极成果，其国际声势也达到了前所未有的高度。当前，中国经济发展进入新时代，外部经济环境不确定性明显增多。为了今后更好地推动"一带一路"建设，实现全球共享发展，对"一带一路"的战略意义、目标设定、实施手段、风险规避等都需要进一步思考。为此，我们将重点关注"一带一路"等重大问题，深入探讨新时代中国与世界的互动关系，并将陆续出版优势学科建设的成果，不断推动国际政治经济学的理论进步与学术繁荣。

一些上面提到的综合性全球性议题的不断出现，也自然而然地把世界经济和国际政治学者聚拢到了一起。参与世界经济与政治研究所国际政治经济学优势学科建设的研究人员,主要来自国际战略研究室、国际政治经济学研究室和国家安全研究室的研究人员。作为世界经济与政治研究所国际政治经济学优势学科的负责人,同时作为本丛书的主编,在此我特别感谢读者的关注,也希望读者提出批评与建议。

2019 年 2 月

目　录

第一章　儒家政治伦理研究回顾 …………………………………… （1）
　第一节　研究背景与缘起 ………………………………………… （1）
　第二节　儒家政治伦理的相关研究回顾 ………………………… （3）
　第三节　作为国家治理基本元件的代表和问责 ………………… （9）
　第四节　如何比较 ………………………………………………… （10）
　第五节　本书的章节安排 ………………………………………… （11）

第二章　儒家政治伦理的基本要素 ………………………………… （13）
　第一节　儒家伦理中的自我：角色集合与道德主体 …………… （13）
　第二节　儒家责任伦理 …………………………………………… （22）
　第三节　儒家尚贤伦理 …………………………………………… （32）
　第四节　儒家君子伦理 …………………………………………… （47）
　第五节　儒家政治伦理的制度基础 ……………………………… （55）
　本章小结 …………………………………………………………… （60）

第三章　儒家伦理与政治代表 (62)
- 第一节　代表概念探源 (62)
- 第二节　政治代表的一般逻辑 (65)
- 第三节　政治代表的儒家逻辑 (68)
- 第四节　比较视野下的儒家代表 (85)
- 第五节　儒家代表的独特意涵 (89)
- 本章小结 (92)

第四章　儒家代表的历史实践 (93)
- 第一节　儒家政治代表机制的核心功能 (94)
- 第二节　儒家政治代表的核心机制：科举 (98)
- 第三节　科举制度的包容性 (102)
- 第四节　科举制度的表征性 (108)
- 第五节　科举制度的回应性 (111)
- 第六节　儒家代表机制的评价 (116)
- 本章小结 (119)

第五章　儒家伦理与政治问责 (120)
- 第一节　问责概念探源 (120)
- 第二节　政治问责的一般逻辑 (122)
- 第三节　政治问责的儒家逻辑 (130)
- 第四节　比较视野下的儒家问责 (146)
- 第五节　儒家问责的独特意涵 (153)
- 本章小结 (158)

第六章 儒家问责的历史实践 ……………………………………（159）
  第一节 行政问责 …………………………………………………（160）
  第二节 历史问责 …………………………………………………（166）
  第三节 教育问责 …………………………………………………（171）
  第四节 儒家问责机制的评价 ……………………………………（174）
  本章小结 ……………………………………………………………（177）

第七章 儒家政治伦理的当代价值及其反思 ……………………（178）
  第一节 儒家政治伦理的当代理论价值：兼顾
          规则与美德 ………………………………………………（179）
  第二节 儒家政治伦理的现实启示与反思 ………………………（186）

参考文献 ………………………………………………………………（190）

后　记 …………………………………………………………………（225）

第 一 章

儒家政治伦理研究回顾

在本书开始之前，我们可以先对以下问题进行思考或判断。

问题一：在中国历史上，帝王的权力是否不受任何约束？
问题二：一个实施家庭暴力的人可以担任公职吗？
问题三：一个虐待动物的公务员应该被追责吗？
问题四：是否应该对选民的基本能力进行测试？
问题五：孝顺是否是判断一个人能否胜任公职的重要指标？
问题六：我们应该给那些更了解政治或更关注公共利益的人额外政治权利吗？

总之，作为一种古代伦理，儒家政治伦理能给当代社会提供何种有益的价值？

◇ 第一节 研究背景与缘起

与儒家道德哲学研究相比，儒家政治伦理在儒学研究中长期处于边缘状态。造成这一现象的原因，一方面在于学界过于将道德哲学置于儒学研究的中心地位，另一方面还在于忽略了儒家政治伦理对当代国家治理所可能具有的启示。随着东亚国家经济的快速发展，儒家政治伦理在儒学研究中越来越受到重视。在初始阶段，学界的主要研究工作集中于对儒家传统进行现代诠释，凸显儒家思想与现代政治、经济和社会发展模式之间的相容性，试图将儒家从"博物馆"① 中重新带回现实生活。但随着世界经济"东升西降"发展态势越发明显，西方国家治理问题不断暴露，儒家政治伦理研究的问题意识也逐渐发生转变，从前期通过现代化视角来创造性地解释儒家传统，转向从儒家视角来审视当代社会的各类弊端，显示出儒学发展中问题意识的"自主性"。

在此背景下，作为一种以社群而非个人为基石的儒家政治伦理吸引了越来越多学者的关注。这些来自哲学、政治学、社会学以及法学等诸多领域的学者在探索解决当代西方国家面临的各类治理困境时，试图从西方自由主义政治哲学中寻找现实社会和政治问题的深层成因，并寄望于从自由主义政治哲学的批评者或对手那里找到有效应对这些问题的线索。在这一阶段，关于儒家政治美德、儒家完善论、儒家民主以及儒家社会正义的讨论取得了丰硕成果②，推动了当代政治哲学与儒家政治伦理之间的对话，并为从儒家视角反思"历史终结论"提供了素材。

---

① 在列文森看来，儒家已经失去了对现实社会的影响力，成为博物馆中的陈列品。其他学者的"游魂论"与列文森的"博物馆论"存在相似之处，均指向社会剧变背景下，儒家已经失去了其所赖以生存的文化和制度基础。参见 Joseph R. Levenson, *Confucian China and Its Modern Fate*, Volume 3, Berkeley: University of California Press, 1968, pp. 79–80。

② 黄勇：《儒家政治哲学的若干前沿问题》，《华东师范大学学报》（哲学社会科学版）2020 年第 3 期，第 35—46 页。

◈ 第二节　儒家政治伦理的相关研究回顾

自孔子以降，儒家思想逐渐发展出两个相互关联但又各有侧重的流派：心性儒学和政治儒学。前者主要关注如何过上有道德和有意义的生活，而后者则侧重于如何建立一个对人民的福祉负责的国家/政府。在20世纪的很长一段时间里，儒家思想被"妖魔化"为中国未能实现政治、经济和社会现代化的主要障碍，不仅在公共生活领域失去了影响力，还在关乎个人道德发展的个人领域一退再退。在此背景下，以唐君毅、牟宗三等为代表的当代新儒家在道德形而上学领域将儒学传统，尤其是宋明儒学重新带回大众视野。他们通过搭建儒家思想与当代道德哲学的对话，推动了心性儒学在当代的复兴与发展。

相较于心性儒学的返本开新，政治儒学在彼时受到的关注无疑要少得多。但随着西式民主和人权等价值的普适性逐渐受到挑战，以及"亚洲价值观"的政治影响力不断攀升，部分学者尝试从历史传统中挖掘构建政治合法性、提升治理效能的相关资源。在这个进程中，关于儒家政治思想的当代价值的讨论逐渐成为一支不可忽视的力量。①

---

① 在这里需要区分的一组概念是儒家政治伦理和政治儒学，前者广泛地包含了儒家关于政治制度、政治生活以及官员言行的所有相关讨论；而后者则主要是指公羊学及其当代讨论。关于政治儒学的讨论中，最具代表性的要数蒋庆的相关著作。蒋庆从汉代（前202—220）的公羊学传统中汲取灵感，发展了"政治儒学"概念并赋予其当代内涵。蒋庆构建政治儒学主要基于两点考量，一是他意在通过对政治儒学的研究来纠偏当代儒家研究中对"心性儒学"的过度关注；二是他试图从传统中找到能够对抗西方自由民主话语霸权的资源。尽管蒋庆独树一帜地提出了一个能够展现儒家"天、地、人"要素的三院立法机构，来作为西式自由民主的替代方案，但他的论述过度依赖公羊学，忽视了儒家经典文本中关于理想政治的讨论。这一缺陷使蒋庆的政治儒学更接近于一种宗教，而不是一种哲学。

在儒家传统中，儒家政治伦理既是关于儒家政治思想的哲学论证，也是嵌入在具体历史环境中的政治实践。前者指的是儒家对"什么是好的公共生活""什么是合法的政府"等人类社会永恒问题的关注；而后者将前者所讨论的普遍原则应用在对不同历史场景的分析中。例如，士大夫如何在坚守君臣之道的同时坚持自身道德标准，就是儒家判断其是否称职的关键问题。除了哲学上的相关性，第三次亚洲晴雨表（Asian Barometer Survey）数据显示，中国等部分亚洲国家的民众对政治的满意度与其对儒家价值观的支持度呈正相关关系，这也为讨论儒家政治伦理的当代价值提供了最基本的社会背景支持。儒家政治伦理对理论与实践的并重使其不仅能在中国社会始终具备影响力，还可能为中国国家治理体系和治理能力现代化提供理论和实践启示。

一 儒家与现代化之辩

在现代化进程中，中西方儒学研究的重要课题之一就是儒家文化与现代化之间的关系。冷战结束后，弗朗西斯·福山（Francis Fukuyama）提出"历史终结论"[①]，宣称西方自由民主已经成为人类政治的最终形式。尽管这一观点在民主阵营内部受到批评，但自由民主在之后的很长一段时间被视为世界上最理想的政府形式，或如温斯顿·丘吉尔（Winston Churchill）所言，是最不糟糕的形式。换言之，西方国家在政体问题上普遍持有一种二元认知：民主政府是好的，威权政府是坏的。因此在他们看来，进行自由民主改革是中国政治制度发展

---

① Francis Fukuyama, *The End of History and the Last Man*, London: Free Press, 1992.

的唯一合理路径。

尽管如此，东亚社会的独特文化特征催生了是否可以利用儒家文化遗产来适应或促进东亚国家政治和社会现代化的讨论。在研究初期，对儒家价值观与自由民主的"不相容论"主要基于两个论点：一是从自由民主的角度出发，认为儒家文化不利于容纳民主；二是从儒家传统出发，主张儒家社会有自己的政治传统，其现代重建可以作为西方民主机制的替代。

萨缪尔·亨廷顿（Samuel P. Huntington）指出，"儒家传统强调权威、秩序、等级和集体对个人的至高无上，为民主化制造了障碍"[1]。与亨廷顿的观点类似，大量研究都在强化不相容论，声称这两种学说所依赖的是完全矛盾的价值体系：前者主张以家庭为中心、以责任为基础的伦理体系，而后者则是以个人为中心、以权利为基础的法律制度。因此，民主的先决条件，如个人权利、人民主权和政治平等，在儒家社会是找不到的，因为儒家社会专注于责任、社群和谐和等级制度的规范。[2] 同样，各种实证研究也提供了坚实的证据来支持不相容论。从 2000 年开始，世界性和地区性的调查（如世界价值

---

[1] Samuel P. Huntington, *The Clash of Civilizations and the Remaking of World Order*, New York: Simon & Schuster, 1996, p. 238.

[2] Roger T. Ames, *Confucian Role Ethics: A Vocabulary*, Honolulu: The University of Hawai'i Press, 2011; David Elstein, "Why Early Confucianism Cannot Generate Democracy", *Dao*, Vol. 9, No. 4, 2010; Seung Hwan Lee, "Was There a Concept of Rights in Confucian Virtue-Based Morality?", *Journal of Chinese Philosophy*, Vol. 19, No. 3, 1992; Andrew J. Nathan, "China: Getting Human Rights Right", *Washington Quarterly*, Vol. 20, No. 2, 1997; Randall P. Peerenboom, "What's Wrong with Chinese Rights?: Toward a Theory of Rights with Chinese Characteristics", *Harvard Human Rights Journal*, Vol. 6, 1993; Henry Jr. Rosemont, "Why Take Rights Seriously? A Confucian Critique", in Leroy S. Rouner, eds., *Human Rights and the World's Religions*, Notre Dame: University of Notre Dame Press, 1988.

调查和亚洲晴雨表调查)为分析儒家思想和民主取向之间的关系提供了大量数据。一系列的文献检验了儒家价值观的反民主特征。例如,一些学者提出,儒家价值观对民主价值观有消极影响,反之亦然。[1]

相比之下,关于"亚洲价值观"[2]和"中国模式"的意识形态辩论从儒家的角度呼应了不相容论点。例如,李光耀[3]、马哈蒂尔和其他受儒家启发的"亚洲价值观"的支持者对福山的"历史终结论"提出了挑战。他们激进地认为,集体主义、社群主义、社会和谐、对权威的敬畏等价值观在儒家文化圈民众的思想和行为中根深蒂固,西式自由民主不应成为东亚儒家社会最理想的政府形式。[4]

然而,"不相容论"受到社会现实的严峻挑战。如韩国在20世纪末向自由民主迈进了一大步,虽然在本质上韩国依旧可被视作一个儒家社会,但其政治现状是挑战不相容论的最佳实践证据。自由民主机制与以家庭为中心的传统儒家伦理并存,有力地挑战了文明冲突论的

---

[1] Doh Chull Shin, *Confucianism and Democratization in East Asia*, Cambridge: Cambridge University Press, 2012.

[2] William Theodore De Bary, *Asian Values and Human Rights: A Confucian Communitarian Perspective*, Cambridge: Harvard University Press, 1998.

[3] Michael D. Barr, "Lee Kuan Yew and the 'Asian Values' Debate", *Asian Studies Review*, Vol. 24, No. 3, 2000; Fareed Zakaria, "Culture Is Destiny: A Conversation with Lee Kuan Yew", *Foreign Affairs*, Vol. 73, No. 2, 1994.

[4] William Theodore De Bary, *Asian Values and Human Rights: A Confucian Communitarian Perspective*, Cambridge: Harvard University Press, 1998; Lucian W. Pye, *Asian Power and Politics: The Cultural Dimensions of Authority*, Massachusetts: Harward University Press, 1985; Surain Subramaniam, "The Asian Values Debate: Implications for the Spread of Liberal Democracy", *Asian Affairs: An American Review*, Vol. 27, No. 1, 2000; Richard Robison, "The Politics of 'Asian Values'", *The Pacific Review*, Vol. 9, No. 3, 1996; Yung Myung Kim, "'Asian-Style' Democracy: A Critique from East Asia", *Asian Survey*, Vol. 37, No. 12, 1997.

担忧。部分儒家学者在《为中国文化敬告世界人士宣言》提出,儒家经过创造性转化可以容纳政治制度民主化。根据该宣言,儒家"统治者应在道德上受到约束……因为人民的意愿是政治的基础。儒家思想中包含有社会民主的种子"[①]。此外,定量研究结果探讨了民主思想和制度对儒家政体的影响。民主在基于儒家习俗的社会中具有政治有效性和文化相关性。申道澈(Doh Chull Shin)利用比较数据分析指出,虽然政治制度的民主化促使人们远离儒家的政治取向,但其他儒家的社会和道德规范,如对和谐的偏好和个人对家庭的牺牲,在一些较为发达的亚洲国家如日本和韩国仍然充满活力。[②] 经验证据表明,儒家思想和民主并不一定是矛盾的,而是可以共存的。

然而,儒家传统与民主思想和制度事实上的共存,只能部分地解释这两种学说在实践中相互交织的程度。它留下了一个更复杂的问题,即这些想法如何相互作用。换句话说,为了消除对它们之间潜在冲突的怀疑,需要进一步阐述这两种理论的异同。

二 儒家反哺现代化

随着国际力量格局的快速演变,以及西方国家自身治理问题频发,自由民主在全球高歌猛进的时代已一去不返。与之相对的是,中国在推进国家治理体系和治理能力现代化方面取得了长足进展,走出了一条不同于西方自由民主的路子。全球抗击新冠肺炎疫情的表现更

[①] Albert H. Y. Chen, "Is Confucianism Compatible with Liberal Constitutional Democracy?" *Journal of Chinese Philosophy*, Vol. 34, No. 2, 2007, pp. 196 – 197.

[②] Doh Chull Shin, *Confucianism and Democratization in East Asia*, Cambridge: Cambridge University Press, 2012.

是凸显了各国治理有效性的差异。这种种现实都促使我们去反思"民主—专制"这一带有"历史终结论"色彩的两分法。在这个过程中,关于儒家政治伦理的讨论开始在东亚儒家文化圈重新活跃起来。

近年来,鉴于西方民主国家出现的大量治理问题,部分儒家学者提出,儒家推崇的由最贤德和最能干的人来治理国家的尚贤制理想在当代仍然是可欲的。在他们看来,自由民主存在内在缺陷,尤其是通过"一人一票"方式来选举政治领袖的做法往往给予多元利益诉求不成比例的重视,进而导致对社群共同利益的忽视。因此,需要对选举制度施加制衡,使其能够更好地服务公共利益,并促进社会矛盾的缓和。① 他们认为,根植于儒家经典的责任和尚贤理念能够有效预防民主体制所可能产生的各类问题。他们提出了一个基于儒家尚贤理念的混合制度设计,并论证了该机制如何能够更好地适应当代社会的发展需求。然而,这种混合机制可能面临两个问题:一是儒家尚贤制和自由民主在理论上是否兼容?尚贤制以人的政治能力不平等为前提,这往往被认为与基于普遍和平等权利的民主理念相抵触。有人甚至提出,基于尚贤理想和民主手段的混合政体在概念上就是自相矛盾的。二是当前儒家尚贤制理想在仍受儒家文化影响的东亚国家,甚至全球是否仍然可欲?更进一步说,作为一种古代伦理,儒家政治伦理的价

---

① Daniel A. Bell, *The China Model: Political Meritocracy and the Limits of Democracy*, Princeton: Princeton University Press, 2015; Joseph Chan, *Confucian Perfectionism: A Political Philosophy for Modern Times*, Princeton: Princeton University Press, 2014; Tongdong Bai, "A Confucian Version of Hybrid Regime: How Does It Work, and Why Is It Superior?" in Daniel A. Bell and Chenyang Li, eds., *The East Asian Challenge for Democracy: Political Meritocracy in Comparative Perspective*, New York: Cambridge University Press, 2013, pp. 55 – 87; Tongdong Bai, "A Mencian Version of Limited Democracy", *Res Publica*, Vol. 14, No. 1, 2008, pp. 19 – 34.

值对当前中国的政治实践而言，能提供哪些有益的启示仍是一个值得深入探究的问题。换言之，在当代政治实践中，要回答"什么是儒家政治伦理"问题，必然会涉及关于自由民主价值与尚贤伦理之间是否兼容的争论；而回答"为什么儒家政治伦理具有重要性"这一问题，则刻画出学界关于儒家的责任和尚贤等伦理规范是否可取的辩论图景。

为更为合理地应对这些问题，本书试图回到先秦儒家的经典中，给出儒家政治伦理的核心元素和基本理路，并试图比较儒家政治伦理与当代西方治理体系在代表和问责两个核心层面的异同。只有在逻辑上理顺了二者之间的相容性，才能够进一步探究在儒家理想的政治体制中，美德如何能够给制度设计提供养分，而制度设计又能够如何反哺美德的发生与发展。

◇ 第三节　作为国家治理基本元件的代表和问责

自古以来，建立一个能够提升民众物质利益和精神福祉的政府始终是人类社会发展的终极目标之一。要实现这一理想的治理形态，我们需要使政府能够代表我们的利益，并对我们的福祉负责。这一目标并非是西式自由民主的专属品，而是全人类的共同价值和追求。例如，直到英国内战时，代表理念才与自由民主相结合，而强调权力分立和制衡的政治问责概念至今广泛地存在于诸多民主与非民主政权中。与其他类型的治理机制相比，自由民主只是通过选举、参与和审议来较好地促进政治代表和问责的质量，而非首创了这些价值和理念。因此，自由民主普世性受到批判的原因主要在于其霸道地垄断了政府合法性的来源，将代表和问责理念视作自身私产，全然不顾代表和问责在其他治理体系中同样扮演着重要角色这一事实。换句话说，自由民主的吸引力在于它在代表人民利益和追究政客责任方面具备效能优势。一旦有一个非西式自由民主政体能够更好地代表和回应民众的诉求并对民众的福祉负责，自由民主和善治就不再是一个硬币的两面。

这么来看，代表和问责应该被视为任何政治制度和治理体系的基础组成部分，无论这个治理体系是前现代、现代还是后现代的，是东方还是西方的，是南方还是北方的。以代表理念为例，虽然这一概念在不同的文化和社会政治环境下有所不同，但不同代表理念的基本逻辑之间却存在很大共性。因此，我们需要将代表的不同模式（民主的、尚贤的、甚至是专制的）视为代表概念中的诸多变体，而非规范上相互矛盾的概念。这一逻辑转换为自由民主和其他类型治理体系之间的理论和经验比较提供了基础。

从儒家的角度来看，虽然早期儒家并未明确探讨过代表和问责的相关问题，但满足人民的物质诉求以及选拔德行出众的官员确实是儒家仁政思想的核心理念。从儒家的视角来反思当代治理中的政治代表和政治责任两个概念，不仅可以为构建儒家政治伦理的当代价值提供素材，还能够为推进国家治理体系和治理能力现代化提供有益的历史经验。

第四节 如何比较

从儒家视角反思当代治理体系中的代表和问责两个概念，首先需要将代表制和问责制与西方国家治理中的相应模式进行比较，并在儒家政治伦理中反思这两个概念的构成逻辑与特征。本书主要采用了分析哲学的方法对代表和问责的概念进行深度比较：一方面，本书比较了以美德为基础的儒家代表和问责理念与以制度为基础的当代代表和问责理念之间的关系；另一方面，本书通过对历史上的相关制度进行分析，探讨了儒家基于政治美德的实践进程及其相对于制度的优劣之处。由于儒家思想只是先秦社会的思想传统之一，因而春秋和战国时期的制度安排为研究基于儒家的政治制度提供的可用案例极其有限，因此本书选取的制度是那些带有明显儒家色彩的制度，如科举、谏官制度以及中国历史上的其他相关制度来探讨儒家政治伦理如何处理制度和美德之间的关系。

◇第五节 本书的章节安排

本书第一章对当代儒学研究进行了回顾，并重新梳理了儒家政治伦理在当代发展的理论路径。第二章对儒家经典进行了系统性重新审视，主要讨论了儒家传统对政治美德的倚重。这一章从美德伦理视角出发，强调了儒家政治伦理区别于当代西方政治伦理的独特性。通过对儒家经典文本和以尚贤为基础的历史制度进行解读，这一章以儒家规定的自我（self）为基础，以此进一步理解儒家中的责任和功绩（merit）概念，并勾勒出儒家政治伦理的基本框架。这一章还将引出君子这一儒家理想人格。一个具有道德判断力且遵纪守法的君子是儒家政治伦理的核心载体。

第三章和第五章重点比较了以美德为基础的儒家政治伦理和以制

度为基础的当代治理体系构建之间的异同。第三章借鉴了当代政治学理论中关于政治代表的概念，认为基于委托—代理的标准代表形式在儒家伦理中只存在于君主和大臣之间。然而，基于一个人的角色和相应的美德，政治代表可以通过有德行的官员提出代表性的诉求（claim）来实现，这也是当代理解政治代表的另一种重要观点。第五章讨论治理的另一个关键组成部分，即问责制。与自由主义的代表概念类似，基于代理人—委托人关系和权力分立的责任制概念，只能在儒家思想中找到部分线索。然而，儒家构建政治责任的逻辑倚重的主要是公共道德和角色责任，而非由制度形式所明确下来的律法和行政机构，这使得在儒家政治语境中同样可以对政客进行问责。

在探讨了儒家关于政治代表和问责的独特逻辑之后，第四章和第六章对科举制度等彰显儒家精神的历史政治制度和机构进行了分析，挖掘了这些制度回应民众诉求和对官员问责背后的逻辑。分析结果显示，尽管儒家机制为社会提供了一定程度的回应性和问责，但这些制度在展现代表和问责功能的过程中过于依赖君主和官员的道德修养，缺乏制度性强制力保障，因而很难走出"人存政举、人亡政息"的循环。

第七章着重探讨儒家政治伦理的当代价值，尤其是儒家美德责任伦理对有效治理所可能起到的推动作用。同时，这一章还探讨了儒家君子理想与当代公民概念相结合，并在社会实践中推广的可能性。结论表明，在一个政治制度与政治美德相互促进的社会中，"君子公民"的概念在理论上是可欲的，在实践中也是可能的。这可被视作儒家"人皆可以为尧舜"理想的现代发展。

第 二 章

儒家政治伦理的基本要素

◇ 第一节 儒家伦理中的自我：角色集合与道德主体

在西方伦理学和儒家伦理研究中，自我（self）均是各自理论展开的原点与核心。在姚新中看来，西方哲学主要从形而上学、认识论和心理学三个维度来理解自我，尽管儒家自我也兼具这三个维度，但其相较于西方概念的不同在于，儒家自我并非一个以思维为本质的实体，而是一个连续建构的有机整体，是在物理上、心理上甚至道德上逐渐发展成熟的一个实践进程。[1]

从关于儒家自我的既有研究来看，自我是一个介于固定的社会角色集合和自由道德主体之间的概念，具有较为明显的双重性。一方面，不同于康德道德原则中的自由意志和实践理性，儒家自我存在于一个给定的价值体系中，由不同的社会角色和人际关系构成，这是儒

---

[1] Xinzhong Yao, "Self-Construction and Identity: The Confucian Self in Relation to Some Western Perceptions", *Asian Philosophy*, Vol. 6, No. 3, 1996, pp. 179–195.

家自我的一个基本面向。① 另一方面，史华慈（Benjamin Schwartz）等学者认为，尽管自我的界定需要借助其社会角色，但个人"具有潜在的道德自主性，这使得至少某些个人能够基于自身社会角色来提升和完善自身道德能力，并通过社会关系或其他的方式来激发他人，促使他们提升各自的道德潜能"②。从这个角度看，道德自主也就成为儒家自我所不可或缺的另一个面向。

一 作为角色集合的儒家自我

自由主义与社群主义辩争的中心论题之一是关于自我概念的界定。自由主义（本节所讨论的主要是罗尔斯式的自由主义）所建基其上的是原子式个人主义和国家中立性的两个本体论假设。其中，约翰·罗尔斯（John Rawls）关于自我概念的讨论源自伊曼努尔·康德（Immanuel Kant）或勒内·笛卡尔（Rene Descartes）的道德哲学。③根据康德道德哲学，道德主体形而上地具备自由意志和实践理性，而不需要诉诸任何经验、社会关系和既存价值，罗尔斯在界定诸如"原

---

① 参见 Roger T. Ames, *Confucian Role Ethics: A Vocabulary*, Hongkong: The Chinese University Press, 2011; Mary I. Bockover, "Confucian Ritual as Body Language of Self, Society, and Spirit", *Sophia*, Vol. 51, No. 2, 2012, pp. 177 – 194; A. T. Nuyen, "Confucian Ethics as Role-Based Ethics", *International Philosophical Quarterly*, Vol. 47, No. 3, 2007, pp. 315 – 328; Henry Rosemont, "Rights-Bearing Individuals and Role-Bearing Persons", in M. I. Bockover, ed., *Rules, Rituals, and Responsibility: Essays Dedicated to Herbert Fingarette*, Illinois: Open Court, 1991。

② Benjamin Isadore Schwartz, *The World of Thought in Ancient China*, Cambridge: Harvard University Press, 1985, p. 113.

③ Michael Sandel, *Liberalism and the Limits of Justice*, Cambridge: Cambridge University, 1982.

初状态"和"无知之幕"等概念时就回应了康德的这些观点。① 然而，罗尔斯式的"无拘束的自我"（unencumbered self）因将自我从其所处的语境中抽象出来而受到迈克尔·桑德尔（Michael Sandel）的批评。在桑德尔看来，罗尔斯的论证进程无非可以简化成一种场景，即无拘束的自我聚集在一起，并非是就正义原则进行讨论，而是为了去找到并认可早已存在于无知之幕下的正义原则。② 其他的社群主义学者，如查尔斯·泰勒（Charles Taylor）、阿拉斯戴尔·麦金泰尔（Alasdair MacIntyre）和迈克尔·沃尔泽（Michael Walzer）等均在这一问题上与桑德尔的观点相似，认为罗尔斯所界定的自我是难以令人信服的，因为实践理性应诉诸于具体的历史和社会背景，而不应脱离现实世界的人际互动。正如麦金泰尔所言：

> 在亚里士多德的实践理性中，个人是通过公民身份而进行推理的；在托马斯式（托马斯·阿奎那）的实践理性中，个人是通过其自身或所属社群的善的探寻者身份而进行推理的；在休谟式的实践理性中，个人是通过在特定形式的交互性社会中的有产者或无产者身份而进行推理的；而在现代自由主义的实践理性中，个人就是作为个人而进行推理的。③

尽管自由主义与社群主义间的辩论不止于此，但两大流派关于自

---

① John Rawls, *A Theory of Justice*, Cambridge: The Belknap Press, 1999.

② Michael Sandel, *Liberalism and the Limits of Justice*, Cambridge: Cambridge University, 1982.

③ Alasdair MacIntyre, *Whose Justice? Which Rationality*, Notre Dame: University of Notre Dame Press, 1988, p. 339.

我概念的争论为理解儒家伦理中的自我概念提供了一个大致的理论背景。儒家伦理与社群主义伦理类似，都认为个人天然具有社会性①，并非原子式的抽象个体。如查尔斯·泰勒所言"对自我的描述需要借助与其相关的其他自我方可实现"②。罗思文（Henry Rosemont）在这个方向上走得更远，他认为"在儒家眼中，人并非先验而孤立的存在，而是其所有具体角色的集合，我即诸角色"③。如安乐哲（Roger T. Ames）所言，儒家角色伦理在指导我们如何行为时，主要依赖的是我们具体的家庭和社会角色，而非抽象的原则、价值或美德。④ 换言之，儒家伦理中的自我是由各类社会关系构建出来的，成"人"的过程就是在适应自身所有社会角色的过程。同时，儒家关于自我的理解与儒家的"正名"理念紧密相关。正名的意义就在于促使个人依照自身社会角色行事，要求人的所作所为能够符合自身各类名衔所蕴含的社会伦理规范。⑤ 从角色伦理与正名的相关讨论来看，儒家的自我生活在具体的人际关系和决定其身份的共同价值体系中，而不是一个不预设价值和善观念的道德真空。

---

① Henry Rosemont, "Rights-Bearing Individuals and Role-Bearing Persons", in M. I. Bockover, ed., *Rules, Rituals, and Responsibility: Essays Dedicated to Herbert Fingarette*, Illinois: Open Court, 1991; Herbert Fingarette, *Confucius: The Secular as Sacred*, Long Grove: Waveland Press, 1998.

② Charles Taylor, *Sources of the Self: The Making of the Modern Identity*, Cambridge: Harvard University Press, 1989, p. 35.

③ Henry Rosemont, "Rights-Bearing Individuals and Role-Bearing Persons", in M. I. Bockover, ed., *Rules, Rituals, and Responsibility: Essays Dedicated to Herbert Fingarette*, Illinois: Open Court, 1991, p. 72.

④ Roger T. Ames, *Confucian Role Ethics: A Vocabulary*, Hongkong: The Chinese University Press, 2011, p. 161.

⑤ Warren E. Steinkraus, "Socrates, Confucius, and the Rectification of Names", *Philosophy East and West*, Vol. 30, No. 2, 1980, p. 262.

二 作为道德主体的儒家自我

虽然儒家的自我经由具体的人际关系构建出来,但强调人际关系并不意味着就必然排斥道德自主。例如,艾文贺(Phillip J. Ivanhoe)就认为将自我的概念单纯理解为角色集合的观点是对这一概念的曲解:

> 将自我单纯视作各种角色的观点扭曲了儒家经典文本中对个体性和独特人格的鲜明论述……早期儒家在论述自我这一概念时内外兼重,且强调了内在生活的复杂性与牢靠性。自我不仅有能力,而且有义务将自身信念、感受、意图和愿望等引导并塑造成美德,并以符合道德的方式感知、回应和行动。①

因此从逻辑上讲,儒家角色伦理并没有完全限制自我的自主行动空间。对于康德主义者来说,自主性是一个相当厚重的概念,正如罗尔斯所指出的那样,

> 人是自由而平等的理性存在,当他的行为原则是作为对他的这一本性的可能最为准确的表达而被他所选择时,他就是在自主自律地行动。他之所以选择去遵循这些原则的依据并非来自他的社会地位或者自然禀赋,也并非因为他生活在其中的特殊社会以

---

① Philip J. Ivanhoe, "The Shade of Confucius: Social Roles, Ethical Theory, and the Self", in Marthe Chandler and Ronnie Littlejohn, eds., *Polishing the Chinese Mirror: Essays in Honor of Henry Rosemont, Jr.*, New York: Global Scholarly Publications, 2008, p. 44.

及他恰好需要的特定事物。①

然而，正如杰拉德·德沃金（Gerald Dworkin）所指出的，若脱离了任何关于善的观念，这种将自主性作为个人自决的对自我的厚重阐释，似乎就是不可能实现的。"所有个体在社会和心理上的发展都处于一个给定的客观环境，并伴随着一系列的独特生物禀赋。他们成长缓慢，因此深受父母、同龄人和文化的影响。"② 因此，无论善的概念是否被预先定义，一个仅仅强调伦理反思和独立选择这两个要件的道德自主概念可能是合理且能够被证成的。③ 这个相较于康德式自我更"薄"的定义使得在早期儒家中挖掘道德自主的既有资源成为可能。根据陈祖为的研究，道德自主的两个关键要素，自主选择和反思接纳，都可以在儒家中找到，而自我立法和康德式的自由意志则与儒家伦理不相容。④ 也就是说，一种突出独立和反思的道德自主是构成儒家自我的重要组成部分。

值得注意的是，孔子强调了个人对终极道德的献身精神，他说："士不可以不弘毅，任重而道远。仁以为己任，不亦重乎？死而后已，不亦远乎？""笃信好学，守死善道。"⑤ 孔子强调仁作为儒家最核心美德的意涵，"不仁者不可以久处约，不可以长处乐。仁者安仁，知

---

① John Rawls, *A Theory of Justice*, Cambridge: The Belknap Press, 1999, p. 222.
② Gerald Dworkin, *The Theory and Practice of Autonomy*, Cambridge: Cambridge University Press, 1988, p. 12.
③ John Benson, "Who is the Autonomous Man?", *Philosophy*, Vol. 58, No. 223, 1983, pp. 5 – 17; Yunping Wang, "Autonomy and the Confucian Moral Person", *Journal of Chinese Philosophy*, Vol. 29, No. 2, 2002, pp. 251 – 268.
④ Joseph Chan, "Moral Autonomy, Civil Liberties, and Confucianism", *Philosophy East and West*, Vol. 52, No. 3, 2002, pp. 281 – 310.
⑤ 《论语·泰伯》。

者利仁"①。并进一步指出,"志士仁人,无求生以害仁,有杀身以成仁"②。这呼应了史华慈对君子自主求道和服务大众的伦理真诚的讨论。③ 儒家在自主选择的基础上,还将权变和审慎裁量的美德视作道德自主的来源。例如,"嫂溺则援之以手乎?"这一道德困境凸显了不同角色之间可能存在的冲突。面对这一问题,孟子认为,"嫂溺不援,是豺狼也。男女授受不亲,礼也;嫂溺援之以手者,权也"④。孟子在这里所突出的是一种人本主义的变通和务实精神。将仁这一"大德"置于遵守授受不亲这一"小德"之前不仅能够调节权衡角色冲突,也打破了儒家伦理以角色为中心的僵化解释,更是证伪了早期儒家思想没有自主的道德选择的说法。

三 儒家自我的二元性

基于上述特征,单一从基于角色的视角或从道德自主的视角均无法全面地解释儒家中的自我是如何构成的。更为真实的儒家自我存在于一个以"固定角色—道德自主"为两端的光谱内,调和了基于角色的伦理要求和道德自主之间的张力。正如有学者所论证的那样,在笛卡尔关于自我的论述中同样存在着一种将社群利益置于自身利益之上的自我,这与"无拘束的自我"在概念上存在差异。⑤ 因此,笛卡尔

---

① 《论语·里仁》。

② 《论语·卫灵公》。

③ Benjamin Isadore Schwartz, *The World of Thought in Ancient China*, Cambridge: Harvard University Press, 1985, p. 14.

④ 《孟子·离娄上》。

⑤ Cecilia Wee, "Descartes and Mencius on Self and Community", *Journal of Chinese Philosophy*, Vol. 29, No. 2, 2002, pp. 193 – 205.

式自我和儒家自我都未僵化地停留在"固定角色—道德自主"这一光谱的两端，而只是在光谱中分别靠近其中某一端而已。

正如罗思文所描述的那样，建立在一系列与角色相关的特定道德美德和政治能力之上的儒家自我似乎过于僵化，有时甚至是不合理的，可能让人在实践中无所适从。前文所提到的"嫂溺不援"困境就展现了固守角色伦理可能导致违背道德的后果。这也从侧面反映出儒家对"仁"与"礼"二者优先性的态度。然而，尽管以角色为基础的解释路径可能过于僵化，无法正确地描述儒家自我的全貌，但不应忽视其有益内涵。首先，承认自己的角色并不意味着无条件地接受这些角色所带来的所有责任和义务。履行自己的职责并不一定涉及强制命令，或迫使人违背自己的意愿行事。其次，以恻隐之心为代表的"四端"赋予人们感知、观察、同情并最终关怀他人的道德主体性，这使得个体能够自主地反思自身诸角色。最后，儒家伦理从根本上强调嵌入在各类社会角色中的善观念，并将对儒家自我的角色观视为理解儒家道德伦理观念的原始材料。进一步说，既有的社会互动和基于角色的行为给道德主体提供了伦理反思的原材料。美德不是凭空产生的，而是植根于人类的社会生活和实践。决定是否接受与角色相关的道德规范的是作为道德主体的人。他对具体角色规范的遵守并非盲从，而是在基于自身生活经验和审慎判断的基础上做出的决定。当然，给定的善观念和道德自主性之间的张力始终存在且很难消解。

因此，最好将儒家伦理视为一种以社会角色为导向（role-oriented）的伦理，而不是固守角色（role-fixed）的伦理。不同于罗思文所论证的那种固守角色的自我那般严苛，角色导向的自我允许对角色规范进行反思和权衡。角色导向的自我概念并非是适合于所有思想流派,而是意在解释在一个和谐的儒家社群中,善观念是如何被表达的,以及美德为何极为重要。同时,孔孟所提倡的仁、义、礼、智、信等主要美德,都涉及自主反思这一抽象道德原则。例如,子曰:"克己复礼为仁。一日克己复礼,天下归仁焉。为仁由己,而由人乎哉?"① 这传达了一种观念,即礼仪的存在是为道德修养服务的文本。通过一个遵循礼仪和自我反思的过程,一个人可能找到成仁的正道。值得注意的是,对礼的遵循应该基于对礼内容的批判性反思,而不是轻率地遵守。换句话说,我们之所以认真对待美德,并不是因为我们所处的角色要求我们这样做,而是因为我们认为这些美德值得自身为之付出努力。综上,基于角色的自我观并不完全排斥个人的道德主体性或独立反思能力。角色的重要性在于为个人的道德发展提供了原始素材,而非判断其道德责任的最终标尺。而道德自主的意义则体现在通过充分理解和思量自身角色的意义后,个人仍将选择并坚定地担负这些责任。"一旦道德主体通过理性反思,认识到这些与角色相关的规范和信念是有价值和有意义的,并予以接纳,那么他就将遵守这些规范,并将其内化为自身道德准则。"②

简而言之,儒家对自我的理解与社群主义对自由主义的批判相呼应,即人不是出生在道德真空中,而是自诞生起就进入了一个给定了善观念的价值体系中。根据这一理解,儒家政治伦理对政治事务的诸多角色,尤其是对为政者这一重要角色进行了多维度的阐释。其中,责任和尚贤是儒家政治伦理最为重要的两个维度。

---

① 《论语·颜渊》。
② Yunping Wang, "Autonomy and the Confucian Moral Person", *Journal of Chinese Philosophy*, Vol. 29, No. 2, 2002, p. 262.

◈ 第二节 儒家责任伦理

马克斯·韦伯（Max Weber）对责任伦理和信念伦理的两分对现代政治和行政的发展产生了深远影响。现代治理体系展现出一种基于规则的责任观，它依托民选机构和官僚体系构建了"委托—代理"链条，通过构建制度框架来监督和规范公权力的使用，以确保政策和治理的有效性。但在治理实践中，官员为应对制度性问责压力，往往会采取表面应付、相互推诿和选择性执行等手段消极避责，导致权威流失、创新缺乏和被动回应等治理困境，极大损害了治理的有效性。[①] 持续深化治理体系和制度改革是解决避责问题，提升治理有效性的重要途径。然而，若官员缺乏心甘情愿去积极履职的责任信念，则他们仍然可能想方设法规避责任，有效治理就将始终面临"问责制度越完善，避责手段越隐蔽"的"猫追耗子"困境。这提示我们，一旦政治共同体关于责任的制度设计脱离了滋养责任心的道德话语体系，那么避责将无法避免，治理有效性也将大打折扣，这是韦伯责任伦理深层困境的具体表现（自由裁量同样面临这个问题）。与之相对，儒家对责任的讨论沉浸在政治—道德共同体的背景下，在强调积极承担治理责任的同时，并未忽视对失责的防备和惩戒。这些因素都指向儒家伦理中可能存在对解决避责问题有所启示的思想资源。基于此，本部分尝试回到儒家文本一探究竟。

[①] 倪星、王锐：《权责分立与基层避责：一种理论解释》，《中国社会科学》2018年第5期，第116—135页。

一 作为儒家伦理核心的政治责任

涉及治理和责任的讨论无疑都很难绕开韦伯,关于儒家责任伦理的现有文献也不例外。李明辉对责任伦理与儒家思想关系的讨论,延续了港台新儒家,特别是牟宗三将儒学带入当代哲学对话的努力。在李明辉看来,康德存心伦理可以涵盖韦伯责任伦理,而儒家思想可以包容这两者。① 李明辉对儒家责任与韦伯(或说西方)责任观念相容的判断在整体上是成立的,但他在讨论责任时,主要是根据韦伯的界定来搜寻儒家经典中与之相应的论述,而非将儒家责任伦理作为一个系统来进行整体把握,此方法虽有益于中西传统的对话,却消解了儒家作为一种古代伦理所蕴含的独特性,给人以按图索骥、削足适履之感。

那么,儒家责任和现代责任概念之间有何异同?涂可国从语义上考辨了儒家经典中"责""任""己责"和"己任"等概念,提出儒家责任与现代责任的范畴相通。儒家的责任概念与人伦关系和职业职位联系在一起,既指职责和使命等分内之事,也包含对后果的要求和对失误的处罚。相较而言,儒家更为强调职责和位责,而韦伯责任伦理侧重对不利后果的问责。② 儒家强烈的社会担当"不仅体现在他们自身具有强烈的社会角色意识上,也表现在对传统知识分子道德使命感的期待上……'仁以为己任'就是张扬一种以仁为核心道德价值的

---

① 李明辉:《存心伦理学、责任伦理学与儒家思想》,《浙江学刊》2002 年第 5 期,第 5—17 页。

② 涂可国:《儒家责任伦理考辨》,《哲学研究》2017 年第 12 期,第 97—106 页。

深厚责任感"①。吴先伍和朱俊林同样认为儒家强调责任担当的自愿性、利他性和主动性,他们质疑从角色规范来解读责任的路径,认为角色责任蕴含的等级差异和消极行事之意将人束缚在自身角色中,压抑了个人走出自身去关怀他人的自然情感。② 以上观点已触及儒家责任不同于现代责任之处,即儒家所重视的责任应该是一种积极利他的品德,而非在职责范围内循规蹈矩。因为在规则下履责,可能导致的后果就是"免而无耻",而只有培养一种自发自主的责任心,才能做到"有耻且格"③。据此,似乎可以认为儒家责任和现代责任之间的区别表现为前者与美德关系紧密,而后者主要靠规则触发。

安靖如(Stephen Angle)对这个判断提出了明确的挑战。在他看来,尽管先秦儒家表现出了美德伦理形态,但美德强调行为的自主性和支持美德行为背后的愉悦心理,而责任心则促使人去做在直觉上并不一定愿意去做的事,这两者之间存在明显差别。且责任心可能使人自满于履行职责后的心理状态,而不去追寻安于为公的品德,造成流于表面的"行仁义",而非发自内心的"由仁义行"④,因而责任心很难被视作美德。⑤

然而,儒家事实上并未忽视安靖如所担忧的这种肤浅责任心所可能造成的问题。儒家明确认为"天下归仁"的前提是"克己复礼"⑥,

---

① 涂可国:《儒家责任伦理考辨》,《哲学研究》2017年第12期,第97—106页。
② 吴先伍:《超越义务:儒家责任伦理辨析》,《道德与文明》2018年第3期,第47—52页;朱俊林:《儒家责任伦理及其现代反思》,《道德与文明》2014年第6期,第21—28页。
③ 《论语·为政》。
④ 《孟子·离娄下》。
⑤ 安靖如:《责任心是美德吗?——美德伦理学视域下重思孔孟荀的主张》,马俊译,《文史哲》2019年第6期,第148—156页。
⑥ 《论语·颜渊》。

且"人而不仁",则"如礼何?如乐何?"① 这表明,儒家对不以仁为目的的表面功夫其实是相当警觉的。同时,儒家也关注人在践行责任时的道德心理。例如,孔子认为孝德问题的核心是"色难",对父母的责任不仅是在物质上做到"养",还应该从心理和情感上做到"敬"②。这么来看,儒家并非忽略,而是强调了责任心背后的心理和情感因素。

如果责任心在儒家看来是一种美德,那么这种美德对现代治理而言具备哪些启示?要对这些问题进行合理回应,就需要尊重儒家自身独特的价值和逻辑体系,将责任心和美德这些概念放置在儒家责任伦理的框架中进行解读。唯有保持儒家伦理的相对独立性,方可使之能够与现代道德观念进行对话,并提供其特有启示。③

二　儒家责任伦理探源:责任抑或责任心?

对为政者治理责任的讨论散见于儒家经典文本④,且儒家责任伦理的内涵并不局限于"责"与"任"的字义。要理解儒家责任伦理,还需从责任的源头——人伦关系——出发,依托儒家政治伦理的整体

---

① 《论语·八佾》。
② 《论语·为政》。
③ 从麦金泰尔对儒家两难困境的讨论来看,本书无疑选择了德性论的阐释路径,强调儒家的特殊性,这与美德伦理的"地方性立场"相一致。见 Alasdair MacIntyre, "Incommensurability, Truth, and the Conversation between Confucians and Aristotelians about the Virtues", in E. Deutsch, ed., *Culture and Modernity*, Honolulu: University of Hawai'i Press, 1991。
④ 本书所讨论的儒家集中在先秦儒家,特别是《论语》和《孟子》两部经典,尝试以孔孟思想为基础,从整体上构建一个关于儒家政治伦理的理论框架,而非对儒家经典中的相关字、词做语义学的探索,尽管这种工作非常重要,但并非本书重点所在。

框架，去讨论为政者和其他主体在治国理政中所应肩负的各类责任以及支撑他们履责的道德心理。唯有如此，方可凸显责任在儒家道德—政治共同体中的核心意涵。

（一）责任认知与"礼"

礼为理解儒家的责任概念提供了原始素材。礼的一个重要功能就是区分社会关系中的不同角色，并为这些角色设定相应的行为规范。从儒家角色伦理（role ethics）的视角看，个人所需肩负的责任取决于其在各类社会关系中所扮演的角色。儒家对于关系、角色乃至责任的讨论是基于对人（或曰自我）的概念的理解。根据前文对儒家自我与个人角色之间关系的讨论，一旦行为主体进入了这样或那样的角色，就要在礼的指导下，去认知并承担那些与自身角色相对应的责任。

在孔子看来，"天下有道，则礼乐征伐自天子出，政不在大夫，庶人不议"①，这就意味着在一个理想的共同体中，天子、诸侯、大夫和民众都会依照各自角色来承担相应责任，对逾越自身名分的"非礼"行为，则应做到"勿视，勿听，勿言，勿动"②。孟子说"父子有亲，君臣有义，夫妇有别，长幼有序，朋友有信"③，也是在讨论各种角色的行为规范。④《礼记·礼运》中的"父慈、子孝、兄良、弟弟、夫义、妇听、长惠、幼顺、君仁、臣忠十者，谓之人义"，同

---

① 《论语·季氏》。
② 《论语·颜渊》。
③ 《孟子·滕文公上》。
④ 孟子讨论角色规范的另一层含义在于强调一种主体间性，即五伦关系并不是单向度的义务，而是一种彼此之间的责任。任何一组关系的发展，都离不开主体之间的相互关怀，同感共情。这一点在儒家讨论孝悌时表现得尤为明显。

样是在框定角色与行动之间的合宜关系。"义"在这里有名副其实之意,规定了个人的责任需与其角色相匹配。再者,儒家的正名思想不仅将角色与责任关联起来,如"君君、臣臣、父父、子子"①,还进一步解释了为什么履责是必要的这一问题,即"名不正,言不顺,事不成,礼乐不兴,刑罚不中,民无所措手足"②。在儒家看来,正名就是负责任,未能履责的后果就是失去其名分,并被追责,如"闻诛一夫纣矣,未闻弑君也"③。

然而,以礼为中心的思考仅为讨论儒家责任伦理提供了一个基本方向,并未穷尽其内涵。一方面,儒家独特的道德自主性资源反对角色伦理对自我进行僵化的解读,这意味着儒家责任的广度有待扩展;另一方面,正名仍有受制于规范而勉强为之的意味,忽视了儒家所强调的积极责任的道德心理根基,说明儒家责任的深度仍有待挖掘。下文对这两个问题的回应不仅有助于勾画出儒家责任伦理的整体轮廓,更能凸显儒家责任之于现代责任的独特之处。

(二)责任内化与"权"

尽管儒家依赖礼对个人角色责任的规定性,但并未忽略个人在认知和接纳自身角色上的自主性。角色责任的阐释路径强调由礼达仁,礼的原则性虽强,但并非完全不可变通。先秦儒家对"权"和"择"的强调都表达了一种权衡轻重、审时度势和不盲从礼的自主性。孔子认为,尽管"麻冕,礼也",但"今也纯,俭,吾从众"④,"里仁为

---

① 《论语·颜渊》。
② 《论语·子路》。
③ 《孟子·梁惠王下》。
④ 《论语·子罕》。

美。择不处仁，焉得知？"① "择"在这里，也带有自主选择之意。孟子认为对礼仪的遵守需要"权"，不应流于形式，而需根据具体的境况来调整守礼的方式。从"始作俑者，其无后乎！"② 来看，无后在儒家看来是很重的批评，表达了孔子对不仁义的礼仪的不满。在孟子看来，执中有赖于权变，因而才接近仁，不知权变将"举一而废百"，有损仁义。③ 此外，从"可与共学，未可与适道；可与适道，未可与立；可与立，未可与权"④ 中暗含的递进关系来看⑤，"权"不仅仅是手段，更是一种对礼有深入感悟，甚至是闻道后方可具备的美德。

　　道德自主不仅教人权变，还能够使人超越自身角色限制来理解责任。儒家的礼并未穷尽所有社会关系，且唯有以仁为指导，方可认知责任的广度。孟子认为"乍见孺子将入于井"时，人所表现出的恻隐之心并非源自特定人际关系或目的，如"内交于孺子之父母，要誉于乡党朋友，恶其声"⑥，而是发自人人皆有的仁德本性。同理，"嫂溺不援"⑦ 要突出的不仅是如何权衡角色冲突，更是凸显人异于禽的德性之端。

　　然而，追寻道德自主并不意味着对责任的讨论需要脱离角色伦理框架。在儒家看来，个人进入的共同体并不是一个道德真空，而是一

---

① 《论语·里仁》。
② 《孟子·梁惠王上》。
③ 《孟子·尽心上》。
④ 《论语·子罕》。
⑤ 赵纪彬在《〈论语〉"权"字义疏》中指出这段经文在传抄时可能出现了倒错，"道"与"权"之间是体用关系，"立"被插入其中在逻辑上存在错误，正确的递进关系应该是"共学""立""适道"和"权"。参见赵纪彬著、李慎仪编《困知二录》，中华书局1991年版，第266页。
⑥ 《孟子·公孙丑上》。
⑦ 《孟子·离娄上》。

个预设了一系列好生活和善观念的,带有至善论色彩的道德—政治共同体。这些关于好生活的规范是在共同体长期发展中久经考验后积淀下来的。人在这样一个共同体中成长,不但是践行不同的角色、承担相应的责任的过程,更是不断反思这些价值、将这些角色纳入自身、进而展现责任心的过程,是一种实践智慧。"权"看似消解,实则巩固了角色和责任之间的联系,使这种联系表现得更为可靠且有说服力,是将责任内化于自身的动力。换句话说,一个有德之人所认可的自身责任,与共同体对其责任担当的期待,是一致的。

"克己复礼"传达的是一种内在责任认知和外在责任期待之间的融合,即将他律内化为"为仁由己"的自律,方能实现的"天下归仁"[①]。这样来看,儒家中可能并不存在安靖如所担忧的强迫自己去遵守礼的状况。如果角色被自我接纳,而非外在加诸的话,守礼就是一种自然而然的事情,不需要强迫。相反,如果一个人感受到需要强迫自己去履行责任,则他很可能对自身角色缺乏充分的认知,或者根本就不接受自己的这个角色。在儒家看来,那些固守规则,以例行公事为导向的责任缺乏审慎反思,会天然导致一种不信任感;而只有根植于个人内心的、利他的、对共同善的关怀,才是真正的责任心。

(三)责任升华与"乐"

前文中已提及儒家关注责任行为的道德心理。孔子说,"知之者不如好之者,好之者不如乐之者"[②],"知之—好之—乐之"就是责任观念不断升华和责任心不断发展的融贯过程。上文讨论的"礼"和"权"在很大程度上仅是"知之—好之"的范畴,仍未深入触及"乐

---

① 《论语·颜渊》。
② 《论语·雍也》。

之"这一情感。在儒家看来，愉悦地去做一件事的前提不仅需要知道这么做的理由，更应该对做这件事有内在的喜好和认同。乐在儒家中有着音乐艺术与愉悦两层内涵，且后者更具实质意义。从"兴于诗，立于礼，成于乐"①来看，乐的两层内涵具有一致性：音乐比诗和礼更具重要性的原因就在于能够陶冶情操，能使人升华至一种超然的道德境界，即实现"乐之"。儒家所认可的乐并非肤浅的感官享受，而是一种与善观念相关的、有深度的道德反应，如孟子赞扬大舜"乐取于人以为善"②，孔子欣赏颜回在"一箪食，一瓢饮，在陋巷"的境况下仍能"不改其乐"③。

以"孝"为例可以说明为什么儒家强调责任赖以成立的道德心理。孔子认为我们对父母的责任并非仅需为他们提供"有事，弟子服其劳；有酒食，先生馔"④等器物上的福祉，更应该从情感上关爱敬重他们，与他们相处时做到和颜悦色，而后一个面向却是最为重要，但也最难做到的，即"色难"。否则，流于形式的供养仅仅是"至于犬马，皆能有养。不敬，何以别乎"⑤，孟子也说，"食而弗爱，豕交之也；爱而不敬，兽畜之也"⑥。此外，孔子批评宰我不仁的原因是宰我并没有理解守孝的真实意义，在孔子看来，"夫君子之居丧，食旨不甘，闻乐不乐，居处不安，故不为也"。在这里，孔子的依据是"子生三年，然后免于父母之怀。夫三年之丧，天下之通丧也"⑦。可

---

① 《论语·泰伯》。
② 《孟子·公孙丑上》。
③ 《论语·雍也》。
④ 《论语·为政》。
⑤ 《论语·为政》。
⑥ 《孟子·尽心上》。
⑦ 《论语·阳货》。

见,真正的孝德蕴含一种相互性,即我们与父母之间的关系应该是一种甘心乐意的相互亲爱和关怀,而不单是满足对方的物质需求,更不应视之为麻烦。

如果说孝道是一种具体的家庭责任,因而容易做到并产生愉悦之情,那么仁义的范围足以覆盖一般类型的责任,是否也与乐相关呢?① 儒家的答案非常肯定,认为仁义这组最重要的美德的深层动力就来自于乐。从"仁之实,事亲是也;义之实,从兄是也……乐之实,乐斯二者,乐则生矣;生则恶可已也,恶可已,则不知足之蹈之、手之舞之"② 来看,乐的实质就是能够高兴地做到仁和义,以仁义为乐,"由仁义行"也就必然伴随着愉悦的心理状态。这一论断还可从"仁义忠信,乐善不倦,此天爵也"③ 的说法中得到佐证。换句话说,肩负责任是一件使人身心愉悦的事,如果没有从履责中感受到乐,那么必然是认知或行为的某一环节出了问题。而且,由情感触发的责任不仅可能是可靠的,而且相较理性的审慎判断而言,更为敏捷、直接且真实。因为"乐"不仅是情感流露,更有着深厚的认知基础。④ 这么看来,责任心在儒家视野中是一种美德的判断就是基本成立的。

在回顾了"礼""权"和"乐"与责任的关系后可以看出,儒家责任伦理是建立在"理解责任、自觉担责、乐意履责"的责任心之上

---

① 儒家主张以孝德为基础的仁爱,是可以推及政治领域的。例如,《论语·为政》提到,"子奚不为政?"子曰:"《书》云:'孝乎惟孝,友于兄弟,施于有政。'是亦为政,奚其为为政?"就是主张孝德的外推。

② 《孟子·离娄上》。

③ 《孟子·告子上》。

④ 不同于西方主流伦理学,儒家伦理并不是构建在对情感和理性进行二分的基础上的。在儒家看来,"情感是相当可靠的,我们不但要珍视它们,而且有责任去培植它们……儒家不但把情感看作是道德行为的动机,而且实际上认为情感论证了善(道德)的合理性"。参见王云萍《儒家伦理与情感》,《哲学研究》2007年第3期,第92页。

的。同时，这种责任心依赖于一个预设的伦理框架，该框架界定了人的基本行为规范，并赋予人区别于禽的道德特征。儒家的社群规范与个人道德自主之间并不存在紧张的互斥关系，而是认为人在慎思和权衡之后，仍然会选择进入儒家的这个伦理框架中，去过这样一种能够带来道德发展、身心愉悦和自我实现的好生活。换句话说，儒家关于责任的界定一方面诉诸身份和角色来为个人责任提供借鉴和参考，另一方面又赋予个体提供反思自身责任的道德资源，并使其在践行责任时感到快乐。

在一个共同体中，按照"劳心者治人，劳力者治于人"[①] 的界分，为君为臣的治理责任因关涉社群整体福祉，要比为父为子的家庭责任更为重大，所以儒家对为政者提出了很高的美德要求，这也是儒家倡导治理应该尊贤使能的理据所在。

◇第三节 儒家尚贤伦理

儒家政治伦理的另一个核心关切是选贤任能的尚贤理念及尚贤机制（meritocracy）。[②] 然而，尚贤作为一种在政治选拔中以功绩取代血统的进步思想，并非儒家所独有，其他思想传统中均可找出与尚贤相似的理念，如柏拉图的哲学王理想，抑或是其所提出的更具实践意义的监护者政治（guardianship）。当代西方社会中与儒家尚贤伦理对应

---

① 《孟子·滕文公上》。
② 部分学者将 meritocracy 译为优绩主义。在儒家思想中，将 meritocracy 译为尚贤制或功绩制均可，因为尚贤与功绩制度是一体两面的：尚贤表达的是一种政治理想，而功绩则是实现这一理想的现实依托。

的概念通常指向功绩制,其主要指的是以行为后果等功绩(merit)为主要依据来进行权力或利益分配的理念和制度建设。相较于西方的功绩制,儒家思想尤为强调为政者,尤其是领袖的政治和道德功绩。进一步说,儒家对功绩道德维度的强调甚至胜过其政治维度。

在儒家语境中,尚贤的含义是双重的。尚贤既是目的,又是手段。前者指的是由最有道德和最能干的人进行统治的政治理想,它使尚贤制的理想合法化;后者指的是实现这一目标的具体人才选拔机制。目前,关于儒家政治伦理的部分研究认为,尚贤的目的和手段在逻辑上虽然相关,但并不互为充要条件。如陈祖为认为,尚贤的政治选拔手段并不必然能够实现尚贤这一理想目标,而尚贤的政治理想也并非完全需要通过以尚贤为目的的政治选拔机制来实现。[1] 如牟宗三、唐君毅和徐复观等儒家学者则认为,通过民主手段来实现选贤任能的理想目标是儒家在当代社会复兴的重要路径。然而,将尚贤目的与手段区隔开来的观点与儒家伦理的内在理路可能存在冲突。儒家伦理不仅能够告诉我们一种好生活的具体场景,更指导我们该如何去过上这种好生活。因而在实现尚贤这一目标的进程中,儒家尚贤伦理内在的逻辑理路往往在实践中推动政治制度的设计和发展,使其发挥尚贤的功能。换句话说,尚贤的手段往往是被尚贤的目的所塑造的。

从儒家对功绩概念的界定可以进一步理解尚贤目的与手段之间的复杂关系。儒家功绩的内涵深受自我概念的影响,不参考人际关系和角色规范就无法完全理解功绩的内涵。这里要强调的是,现有的儒家尚贤伦理的研究过度简化了功绩概念,过于强调其社会关系和角色维

---

[1] Joseph Chan, "Political Meritocracy and Meritorious Rule: A Confucian Perspective", in Daniel A. Bell and Chenyang Li, eds., *The East Asian Challenge for Democracy: Political Meritocracy in Comparative Perspective*, New York: Cambridge University Press, 2013.

度，而忽略了其中的道德主体性。这一问题最终导致尚贤的手段脱离了其目的，进而将历史上表现不佳的治理案例归咎于尚贤伦理内在问题。换句话说，尚贤的手段和目的是无法彻底分割开来的，即便以民主的方式实现尚贤的目的，仍可能会过分淡化儒家的功绩概念，使儒家尚贤制度的建设与儒家尚贤伦理相脱节。

基于尚贤制存在的问题，本节旨在全面阐明儒家尚贤伦理中功绩这一核心概念，为后续章节从理论上分别对尚贤制中的代表与问责和民主代表制与问责制相比较，并尝试评价以责任和尚贤为理念所建立起来的相关政治制度在中国历史上是如何导出有效治理的。本节表明，作为一个理论概念，尚贤制包含一组特定的、相互依存的、以角色为导向的伦理规范，这些规范并不完全异于康德式的以个人理性和自由意志为特征的道德哲学；作为一个实践指南，它通过精英主义的政治选拔在一定程度上为古代儒家社会提供了治国理政的重要框架。本节将首先从角色导向的自我概念出发，解读儒家政治伦理中的功绩概念，并试图厘清权利与美德在儒家尚贤伦理中的重要性。

一 儒家语境中的功绩概念：伦理规范还是政治能力

从儒家伦理的本质上看，尚贤理念并不对政治与道德加以严格区分，而是强调美德对政治的重要作用。国家在儒家伦理中被视作家庭的扩大和升级，因而政治生活不可避免地受到伦理规范的影响。因此，儒家尚贤伦理表现出政治和道德的双重性。本部分将首先考察儒家中的功绩概念，然后结合政治与道德之间的关联来反思其实践内涵。最后，本部分将讨论儒家功绩所倚重的美德伦理与权利伦理之间存在的张力。

尚贤的政治理念在实际运作中取决于如何定义功绩。在西方背景下，功绩通常被表达为个人的能力和努力[1]，与道德并不存在直接关联。然而，从儒家政治伦理来看，功绩就是"选贤任能"中的贤德与能力。贤德，意指个人的道德修养得到公众的认可；而能力，则意在强调为政者需要具备合格的知识储备和治国理政的能力。《礼记》对儒家理想社会的描述如下：

> 大道之行也，天下为公。选贤与能，讲信修睦，故人不独亲其亲，不独子其子，使老有所终，壮有所用，幼有所长，矜寡孤独废疾者，皆有所养。男有分，女有归。货恶其弃于地也，不必藏于己；力恶其不出于身也，不必为己。是故谋闭而不兴，盗窃乱贼而不作，故外户而不闭，是谓大同。[2]

而《礼记·礼器》一章分别对"贤"和"能"的政治和社会功能进行了界定：

> 是故昔先王尚有德、尊有道、任有能；举贤而置之，聚众而誓之。[3]

同时，孟子还说：

---

[1] Michael Dunlop Young, *The Rise of the Meritocracy*, London: Transaction Books, 1967.
[2] 《礼记·礼运》。
[3] 《礼记·礼器》。

贵德而尊士，贤者在位，能者在职。①

尊贤使能，俊杰在位，则天下之士皆悦而愿立于其朝矣。市廛而不征，法而不廛，则天下之商皆悦而愿藏于其市矣。关讥而不征，则天下之旅皆悦而愿出于其路矣。耕者助而不税，则天下之农皆悦而愿耕于其野矣。廛无夫里之布，则天下之民皆悦而愿为之氓矣。信能行此五者，则邻国之民仰之若父母矣。率其子弟，攻其父母，自生民以来，未有能济者也。如此，则无敌于天下。无敌于天下者，天吏也。然而不王者，未之有也。②

这些儒家经典中的"选贤与能""举贤""尊贤"等词均清晰地指向功绩的道德意涵，即只有社会中有德者才有资格担任公职。同时，"任有能""使能"也表明政治职位也应该由具备专业能力的人担任。儒家功绩概念对"贤"和"能"的强调，意味着官僚体系应该通过合适的手段来培训和选拔官员，使其德性能够为人所认可，使其能力符合职位要求。至于"贤"和"能"之间的关系孰轻孰重，还是二者并重，则需要进一步探索。

（一）功绩的伦理维度

功绩的伦理意涵，即"贤"，主要指个人的美德，反映个人的内在或道德修养。孔子说："为政以德，譬如北辰，居其所而众星共之。"③ 这展现了儒家治理模式的理想形态。孔子还称赞他的弟子颜

---

① 《孟子·公孙丑上》。
② 《孟子·公孙丑上》。
③ 《论语·为政》。

回:"贤哉回也!一箪食,一瓢饮,在陋巷。人不堪其忧,回也不改其乐。贤哉回也!"① 这强调了个人道德美德在社会生活中的重要性,即在生活条件恶劣的情况下保持乐观的态度。因此,在儒家教义中,道德修养被认为比物质福祉或感官享受更重要。同时,内修道德并非单纯依靠个人苦思冥想或经验反思就能够实现,而需要参与社会生活,在与他人的互动中实现自身道德修养的提升。换言之,修贤或修身是一个内外联动的过程,儒家美德天然具有公共属性。那么,参与公共事务是道德修养的一个关键方面,需要我们全面了解自身所处的社会环境,并慎重地将我们的道德美德运用到决策中。例如,孟子就告诉齐宣王如何鉴别贤能之士,他认为:

> 国君进贤,如不得已,将使卑逾尊,疏逾戚,可不慎与?左右皆曰贤,未可也;诸大夫皆曰贤,未可也;国人皆曰贤,然后察之;见贤焉,然后用之。②

这一段话清楚地表明了道德的社会属性。孔子在《论语》中反复强调教育和学习是促进个人道德修养,进行个人道德实践的最重要途径。而相应地,教育和学习的相关机制又是一个尚贤社会的重要支柱。总之,德性的内外修养相互依存,是儒家功绩的重要实现渠道。

(二) 功绩的政治维度

功绩的政治意涵,即"能",指的是一个合格的道德主体在处理公共事务时,依据自身知识以及道德判断来解决问题的能力。一般而

---

① 《论语·雍也》。
② 《孟子·梁惠王下》。

言，行为主体的政治能力应该符合相关职位的要求。因此，能的概念在本质上就是政治性和功能性的。从更具体的意义上讲，君主之能，指的是他做出政治决断、妥善解决公共纠纷、实现政治目标的能力，还包括选拔有才能的官员辅政的能力。对官员来说，能力主要指的是他们全面了解社会情况、了解民众需求、实质性地为人民服务、促进公益的能力。同时，"能"在儒家伦理中的内涵不仅强调政治能力，还寓意着道德动机和自我完善的修养能力，这与个人的道德实践高度相关。然而，理想的道德实践却并不容易实现："穷则独善其身，达则兼善天下。"① 这涉及儒家最困难但也是最关键的程序，即美德的"外推"。外推不仅要求个人道德修养应该涉及社会交往，还强调向公众示范一套社会所认可的道德美德，并激发他们的道德潜能。在儒家社会，道德主体应该具备展示甚至强化这些美德的能力。然而，儒家这一理念的困境在于人与人之间即便具备同等的道德发展潜力，但他们将自身道德修养推升到一个更高水平的能力或意愿并不相同，更不用说他们在实践中所展现出的道德水准可能存在巨大差异。反过来，这又是儒家推崇尚贤制的关键所在：如何在保护个人道德自主性的同时，促进社会整体道德标准的提升。在密尔的讨论中，个人道德自主性是人类福祉的基本且不可侵犯的成分之一。换言之，个体如何在公共领域进行自身的道德实践与其对他人修身产生正面影响之间协调统一，是个人能力发展的一个重要面向。

美德的外推难题可能是现有关于儒家政治伦理的研究偏重于将道德美德与政治能力相区隔的主要原因。但事实上，儒家学说为克服这一困境提供了一种可能路径，即君子这一儒家理想人格。君子的品德

---

① 《孟子·尽心上》。

有利于公德与私德灵活转换，缓解美德与能力之间的不匹配问题。

（三）功绩的政治伦理二元性

儒家的功绩概念不仅强调为政者的政治能力，同时还推崇为政者的道德美德。在孔子看来，知与行是相互依存、无法分割的整体，这一理念后来由王阳明发展为"知行合一"这一耳熟能详的理想境界。在儒家的观念里，个人内在精神世界和其所处的外在公共世界同样是无法进行清晰界分的。因此，有必要更详尽地考虑二者之间的互动进程。儒家功绩概念具备的道德与政治双重特征强化了这样一种观念，即"政治能力和道德美德的发展是二者之间相互影响，相互形塑的动态过程"，在这个过程中，无论是单一地从伦理道德还是政治维度来理解功绩概念，都无法勾画出儒家功绩的全貌。正是二者之间的动态关系赋予了功绩更高的价值，并使其成为儒家政治伦理独具特色的一个基本概念。

显然，贤的道德属性与能的政治功能不应被视为相互排斥的，而应被视为尚贤伦理内部的共生要素。儒家功绩的概念强调道德培养和能力提升之间的相互作用。一方面，"贤"是指个人内在的道德修养与指导其公共行为的道德准则之间的相互作用。另一方面，一个运行良好的尚贤制在很大程度上取决于为政者的职业能力，以及将道德美德运用到公共生活中的道德能力。可以说，儒家伦理和政治通常被理解为两个相互关联的维度：前者被视为后者的基础，而后者是前者的实践场域。

此外，个人内在道德修养还受到整个社会的道德标准以及各种社会实践和互动关系的影响。我们并非生活在道德真空，而是生活在一个道德宇宙中。在这个道德宇宙中，主体之间的理性交流和传自先贤的美德共同构成我们的感知基础。通过人类道德实践，现有的美德和规范可能会被重新评估、重新确认，甚至是重构。从这个意义上看，道德修养的动态过程与上一节讨论的儒家自我的道德自主性和灵活性概念相呼应。

以上论述展示了儒家功绩的意义和内涵，丰富了尚贤制的概念，并回顾了儒家学者长期以来努力从理论和实践两个角度解决儒家道德"外推"可能存在的问题。然而，关于儒家功绩概念的讨论引出了另一个备受争议的问题，即功绩概念是否可以作为一个运作良好治理机制的合法性来源。为了解决这个问题，本书从关于美德与权利优先性的讨论中汲取灵感，在此基础上解释功绩在儒家制度中的作用。

二　儒家尚贤伦理：美德还是权利？

儒家将功绩概念化为一套道德美德和职业能力，并据此来选拔公职人员治国理政。这种制度的运作看似并不需要涉及个人权利的相关话语，因为它意味着：首先，一旦有德的人在位，人民的需要就会得到满足，社会就会保持和谐，人民无需提出额外的合理需求，因为为政者会自然而然地照顾人民的需要，无论人民对自身需求是否有足够清醒的认知[①]，这是一种较为典型的家长式伦理；其次，人们普遍认为，在亲密关系中，如家庭和婚姻，关怀和情感优先于权利诉求。作为一种以家庭为基础的伦理，儒家认为，以权利为基础的伦理不能恰当地解释社群发展，甚至可能破坏社群内部的关系，社群成员可能出于自发的义务和关怀而相互对待，而不是僵硬的谈判和不愿妥协。正

---

① Seung Hwan Lee, "Was There a Concept of Rights in Confucian Virtue-Based Morality?", *Journal of Chinese Philosophy*, Vol. 19, No. 3, 1992, p. 245.

如田史丹（Justin Tiwald）所言，"如果一个家庭是建立在相互主张权利的伦理关系之上，那么这个家庭的运转必然失序，甚至根本不能被称为一个家庭，因为其已失去关怀和爱护等家庭应有之义"[1]。然而，虽然早期儒家并未明确论证权利的概念，但若仅依靠美德无法达到尚贤的目的时，权利伦理可以作为保护社群成员福祉的后备工具。[2] 可以说，即使在幸福的婚姻中，个人权利也非常重要，因为"婚姻的安全性在一定程度上取决于伴侣知道他们可以依靠的一系列法律权利和义务，如果他们之间的感情消退，想要退出家庭，那么律法就将为他们的合理权利提供保障"[3]。尽管儒家可能并不十分重视将权利作为实现亲密关怀关系的最佳手段，但他们确实承认权利对个体的保护作用。在此基础上，有理由认为，虽然在一个建立在相互关怀基础上的理想社群中，权利话语会被忽略，但基于权利的理论似乎在解决现实冲突时更有效，尤其是当个人之间以及个人与社群之间存在紧张关系时，权利在划清群己权界上的功效更为显著。

为了证明这一主张，我们至少需要解决两个相互关联的问题。一个是关于权利概念与尚贤理念的兼容性问题，另一个是在不破坏儒家

---

[1] Justin Tiwald, "Confucianism and Human Rights", in Thomas Cushman, eds., *Handbook of Human Rights*, London: Routledge, 2011, p. 244.

[2] Joseph Chan, "A Confucian Perspective on Human Rights for Contemporary China", in Joanne R. Bauer and D. A. Bell, eds., *The East Asian Challenge for Human Rights*, Cambridge: Cambridge University Press, 1999, pp. 212 – 237; Joseph Chan, "Democracy and Meritocracy: Toward a Confucian Perspective", *Journal of Chinese Philosophy*, Vol. 34, No. 2, 2007, pp. 179 – 193; Justin Tiwald, "Confucianism and Human Rights", in Thomas Cushman, eds., *Handbook of Human Rights*, London: Routledge, 2011, pp. 244 – 254; Justin Tiwald, "A Right of Rebellion in the Mengzi?", *Dao*, Vol. 7, No. 3, 2008, pp. 269 – 282.

[3] Jeremy Waldron, "When Justice Replaces Affection: The Need for Rights", *Harvard Journal of Law and Pubulic Policy*, Vol. 11, 1988, p. 629.

政治伦理的责任和尚贤这两个核心概念的情况下，探索一种可以存在于儒家社会中的权利形式。前者与儒家自我观念的"固定/灵活"二元性密切相关，而后者则需要在权利与儒家功绩的互动关系中寻得答案。

在直觉上，儒家关于角色的伦理言说似乎排除了从原始儒家文本中推导出权利概念的可能性。[1] 基于角色的关系型责任具有特殊性，这与权利的普遍性和平等性存在矛盾。在儒家看来，基于角色的自我概念对于理解个人行为具有相当程度的解释力，因为一个人不可能也不需要将自我从个人的所有角色和社会关系中解放出来。这一观点与社群主义者对早期罗尔斯"无知之幕"的批评是一致的，因为如果不诉诸任何特定的善观念，就不可能捍卫一套具体的权利。换句话说，自由主义对个人权利的形而上学辩护既不现实又无法实现。[2] 然而，正如陈祖为所指出的，儒家伦理不是一种纯粹的基于僵化角色的伦理形式，在未指明的关系中存在着许多诉诸道德义务和道德自主的例子。[3] 例如，即使在我与他人之间不存在直接关系的情况下，儒家美德仍然强调人与人之间的仁爱、相互关怀和同感共情。人类作为道德主体，在很多不可预知的或陌生的社会关系和情境下，应该以自身道

---

[1] Seung Hwan Lee, "Was There a Concept of Rights in Confucian Virtue-Based Morality?", *Journal of Chinese Philosophy*, Vol. 19, No. 3, 1992, pp. 241 – 261; Randall P. Peerenboom, "What's Wrong with Chinese Rights?: Toward a Theory of Rights with Chinese Characteristics", *Harvard Human Rights Journal*, Vol. 6, 1993, pp. 29 – 57.

[2] May Sim, "A Confucian Approach to Human Rights", *History of Philosophy Quarterly*, Vol. 21, No. 4, 2004, pp. 337 – 356; Tongdong Bai, "The Price of Serving Meat—on Confucius's and Mencius's Views of Human and Animal Rights", *Asian Philosophy*, Vol. 19, No. 1, 2009, pp. 85 – 99.

[3] Joseph Chan, "A Confucian Perspective on Human Rights for Contemporary China", in Joanne R. Bauer and D. A. Bell, eds., *The East Asian Challenge for Human Rights*, Cambridge: Cambridge University Press, 1999, pp. 212 – 237.

德美德来指导行为,因为此时我们往往无法诉诸既有角色责任来寻求合理的行为指导。因此,儒家提倡的仁爱概念包含了道德自主的萌芽,或者至少与之相容。换句话说,在一个人的自我修养过程中,社会实践和独立反思,而不是遵守僵化的角色义务,发挥的作用比其他人想象的要大得多。[①] 从这个角度来看,一个人遵循自身角色责任的行为并未完全耗尽其接受权利话语的空间,因为儒家对道德培养的强调为培育个人自主性提供了养分,而个人的道德自主性则驱使其在善的基础上自由行事。因此,儒家的道德自主概念为儒家接受权利话语提供了理论空间。

关于权利话语和儒家美德相容的讨论并不意味着儒家在本质上是一种以权利为导向的学说。相反,鉴于儒家角色观的"固定/灵活"的二元特征,儒家的自我存在于以固定角色和个人自治为两端的光谱范围内。对儒家伦理的不同理解导致了对自我在这个谱系中处于何种位置的多元认知:一旦自我被赋予的自主性越强,其所需遵守的角色规范就越弱,反之亦然。这意味着,儒家视野中的权利概念是建构于角色伦理和道德自主性之上的,这与自由主义对权利普遍性和绝对性的论证之间不可避免地存在张力。因此,儒家政治伦理与权利伦理的关系可以通过"反普遍性论"和"比例平等论"来给予澄清。前者反映出儒家政治伦理对权利概念的认可程度,即权利并不是一个抽象且放之四海皆准的概念;后者则意图证明儒家思想对不同社会群体赋予不同类型权利的合理性。

权利的普遍性应该建立在对什么是共同利益的一致同意之上,而

[①] Joseph Chan, "A Confucian Perspective on Human Rights for Contemporary China", in Joanne R. Bauer and D. A. Bell, eds., *The East Asian Challenge for Human Rights*, Cambridge: Cambridge University Press, 1999, pp. 212-237.

不是任何形而上学的道德学说。因此，基于罗尔斯"交叠共识"的论述，儒家的善观念如何得到定义就决定了个人权利的普遍性能否得到认可。① 黄百瑞（David B. Wong）认为，基于个人自主性的权利与面向社群的权利不同，前者呼应了自由主义传统，即重视自主选择而非集体利益，后者则贬低源自个人主义理性的善观念，并优先考虑共同体的和谐和人际间的信任。② 以言论自由为例，虽然儒家可能支持言论自由，但言论自由并非不受限制。除了对言论自由的工具性认可③，黄百瑞特别指出，这项权利是儒家思想的内在要求，是促进公共利益的必要条件。他论证到，在多元化的政体中，对多元观点和异议的保护是提高公共政策质量的必要条件。不同观点的表达有助于让统治者广泛了解各方诉求、制定更加合理的政策，并解决关于共同利益的潜在分歧。然而，儒家天然地对言论自由可能造成的负面影响有所警觉，并提出了对言论自由加以合理约束的理由。例如，在儒家看来，一个强调个人权利超过维护公共利益的社会氛围可能导致诉讼、对抗和抗争文化的快速发展，这不可避免地对社会和谐与人际互信等共同利益造成损害。在这种情况下，儒家的对策可能倾向于限制言论自由的主张，以实现或维持和谐。换言之，由于儒家和自由主义对善观念

---

① Tongdong Bai, "The Price of Serving Meat-on Confucius's and Mencius's Views of Human and Animal Rights", *Asian Philosophy*, Vol. 19, No. 1, 2009, pp. 85 – 99.

② David B. Wong, "Rights and Community in Confucianism", in Kwong-loi Shun and David B. Wong, ed., *Confucian Ethics: A Comparative Study of Self, Autonomy, and Community*, Cambridge, Cambridge University Press, 2004, pp. 31 – 48.

③ Joseph Chan, "A Confucian Perspective on Human Rights for Contemporary China", in Joanne R. Bauer and D. A. Bell, eds., *The East Asian Challenge for Human Rights*, Cambridge: Cambridge University Press, 1999, pp. 212 – 237; Justin Tiwald, "Confucianism and Human Rights", in Thomas Cushman, eds., *Handbook of Human Rights*, London: Routledge, 2011, pp. 244 – 254.

的理解存在差异，儒家对权利概念的接受始终是较为审慎的：儒家并不拒斥权利，但不会包容那些强调权利绝对性和普遍性的观念。

在权利话语得到儒家认可的基础上，具体哪些权利能够得到儒家支持还有待进一步阐述。李晨阳通过突出绝对平等和比例平等之间的区别[①]，展示了儒家在接受权利时所展现出的另一个特征，即基于每个群体的独特优点，不同的社会群体可能被赋予不同类型的权利。早期儒家虽然主张人在潜能和道德发展机会上的平等，如儒家主张人人均有接受教育的权利，但也承认不同群体之间，如君子与小人，存在着明显的区别。例如，孟子说，

> 鸡鸣而起，孳孳为善者，舜之徒也。鸡鸣而起，孳孳为利者，跖之徒也。欲知舜与跖之分，无他，利与善之闲也。[②]

在儒家看来，治理国家的资格应赋予那些最为贤德之人，为政者掌握权力的合法性基础在于他们的统治能够满足人民需求，提升他们的福祉。即"劳心者治人，劳力者治于人"。对"劳心"和"劳力"的区分构成了儒家选贤任能思想的基础。尽管治理国家的资格并非赋予所有人，但这一观点从侧面验证了人民的生存权是儒家所支持的一项基本权利。[③] 然而，支持生存权的理由可以在多大程度上扩展到其他权利，例如言论和结社自由，仍存在争议。例如，陈祖为认为，将

---

① Chenyang Li, "Equality and Inequality in Confucianism", *Dao*, Vol. 11, No. 3, 2012, pp. 295–313.

② 《孟子·尽心上》。

③ 《论语·子路》《孟子·梁惠王上》。详细论述见 Daniel A. Bell, *Beyond Liberal Democracy: Political Thinking for an East Asian Context*, Princeton, NJ: Princeton University Press, 2006, pp. 34–35, 237–238。

言论自由这一权利纳入儒家的权利集是合理的，因为接受这一权利的理由是基于功利主义的考量，即认可言论自由的工具性价值，而非将其视作目的。例如，言论自由的工具性在于能够"帮助社会纠正错误的伦理信仰，防止统治者沉迷于不法行为等"[1]。相比之下，白彤东认为，儒家中存在反对给予所有人政治批评权利的论据。例如孔子认为，政治批评应该由公职人员，而非民众来完成。[2] 然而，陈祖为指出孔孟二圣即使在不担任官职的时候也参与政治讨论和表达异见，这证明儒家并不支持仅仅将言论自由的权利赋予在职官员。因此，对这一争论最合理的解释是，虽然政治言论自由不是公职人员独有的权利，但行使这一权利应取决于某种资格，例如这要求行使权利的主体需要具备一定程度的反思能力，并且能够为自己的行为和话语所导致的后果负责。在儒家看来，政治批评这项权利可能仅被授予那些展现出道德和政治功绩的人，无论他们是否担任公职。相对而言，普罗大众所享有的权利则较为有限，且这些权利倾向于使他们避免（free from）被伤害，而无法使他们主动（free to）争取福祉。民众与精英阶层分享政治权利（如"制民之产"等提升人民福祉的权利）的最主要途径就是攀登"成功阶梯"，获取公职，即至少通过努力提升个人道德水准来获得社会对自身功绩的承认。

本节讨论了儒家功绩与权利概念之间的关系。其中至关重要的一个结论是，尽管早期儒家思想中并未出现当代权利概念的相关话语，

---

[1] Joseph Chan, "A Confucian Perspective on Human Rights for Contemporary China", in Joanne R. Bauer and D. A. Bell, eds., *The East Asian Challenge for Human Rights*, Cambridge: Cambridge University Press, 1999, p. 229.

[2] Tongdong Bai, "The Price of Serving Meat—on Confucius's and Mencius's Views of Human and Animal Rights", *Asian Philosophy*, Vol. 19, No. 1, 2009, pp. 89–91.

但儒家伦理仍然可以部分地包容个人权利概念。主体的自主性和灵活性为个人的伦理反思，甚至是自主地选择去做对自己和社群共同利益均有益的事情提供了道德基础。因此，儒家不仅可以工具性地引入权利概念以保护个人利益，而且重要的是，权利还可以在古典儒家文本中找到内在根源。尽管如此，儒家思想和占主导地位的自由主义传统在容纳和解释权利的方式之间存在显著差异。儒家的保守特征和等级制不可避免地使儒家所认可的权利与自由主义权利的普遍性和平等性相矛盾。因此，在不拒绝权利话语的情况下，儒家会赋予不同的社会群体以不同的权利：统治者、大臣和被统治者享有不同权利。儒家为调和固定角色职责与纯粹的社群自治之间看似矛盾的关系提供了一个基本框架，并提出了一个以功绩为基础的权利概念，以突出公职人员的职责和责任。也就是说，功绩与权利是儒家政治伦理这枚硬币的两面，而儒家君子则是最能体现这一互补性的载体。

◇ 第四节　儒家君子伦理

如前所述，由贤（道德美德）和能（政治能力）所构成的儒家功绩理念基本上涵盖了儒家尚贤伦理的核心思想，且功绩的政治和社会功用有赖于道德主体，即具体的人来实现。在儒家中，这种理想人格首先表现为圣王，其次才是君子。但实际上，由于圣王理想在现实政治中难以企及，君子的概念更能代表早期儒家政治伦理的理想形态。例如，孔子说："圣人，吾不得而见之矣；得见君子者，斯可矣。"① 孟

---

① 《论语·述而》。

子也说:"君子不怨天,不尤人……五百年必有王者兴,其间必有名世者。"① 这些说法传达了这样一种信念:虽然孔孟都认为在圣王的统治下可以实现社会和谐,但他们,尤其是孔子,并不认为圣王的理想是可以轻易实现的。圣王政治不仅指向完美道德人格,更像是一个共同体至高无上的理想和抽象的发展目标,如柯文雄(Atonio Cua)所言,"圣王是个人追求道德发展的可望而不可即的目标"②。因此,德才兼备的君子是一个更为实际的发展目标,是弥合儒家理想与现实鸿沟的关键人格。尽管如此,君子的养成仍非易事,不仅要求个人具有修身养性的决心,还要具备一定的政治德行和才干。换言之,圣王是儒家的理想主义目标,君子是儒家政治生活的现实人格。从实践的角度来看,儒家伦理就是关于君子的学说。

一 君子与功绩

君子一词并非儒家的专有概念,但儒家赋予了其特殊含义。君子最早指代的是君主或贵族的后代。中国古代君子的本义与西方语境中的绅士观念相近,指社会地位较高的人。③ 然而,在战乱连连、秩序

---

① 《孟子·公孙丑下》。

② A. S. Cua, "Virtues of Junzi", *Journal of Chinese Philosophy*, Vol. 34, No. 1, 2007, pp. 125 – 142; A. S. Cua, "Junzi (Chun-Tzu): The Moral Person", in A. S. Cua, eds., *Encyclopedia of Chinese Philosophy*, Abingdon: Routledge, 2003, pp. 329 – 335.

③ 参见 Edward A. Kracke, "Family vs. Merit in Chinese Civil Service Examinations under the Empire", *Harvard Journal of Asiatic Studies*, Vol. 10, No. 2, 1947, pp. 103 – 123; Yuri Pines, "Between Merit and Pedigree: Evolution of the Concept of 'Evaluating the Worthy' in Pre-Imperial China", in Daniel A. Bell and Chenyang Li, eds., *The East Asian Challenge for Democracy: Political Meritocracy in Comparative Perspective*, New York: Cambridge University Press, 2013, pp. 161 – 202。

混乱的背景下，孔子强调政治美德（尤其是对统治者）的重要性，进而创造性地通过德行的视角重新诠释了儒家君子的概念。这一努力将君子从一个基于血亲贵族的社会身份转变为一个具有显著伦理内涵的道德概念。有学者认为，君子身份所蕴含的道德内涵首先出现在《白虎通》中。威尔金森指出"儒家君子理想的优越性首先表现在道德层面"[1]。换句话说，通过从德行视角对君子身份进行了重新阐释，儒家语境中的君子理念就此区别于其他知识传统，呼应了尚贤制和西方功绩主义[2]之间的差异。儒家君子人格展现出有别于普罗大众的不同之处，这种特殊性既包含个人道德修养的内在指导，也包含实现道德发展后造成的正外部性，如君子的德行将会影响并加速社会道德正气建设，以及参与公共生活能力的提升。正如孔子所说："政者，正也。子帅以正，孰敢不正？"[3]

如前几节所讨论的，儒家功绩概念包含伦理和政治两个维度。一般来说，君子的道德修养和政治参与是相互关联的。孔子最有名的教导是"仕而优则学，学而优则仕"[4]。这表明有教养的人的道德义务是担任公职，并帮助统治者提升人民福祉。它还意味着一种政治选拔制度，在这一制度下，只有精英候选人才应被选拔出来，国家治理的质量也能相应得到提升。因此，儒家君子人格既带有理想主义成分，

---

[1] Rupert H. Wilkinson, "The Gentleman Ideal and the Maintenance of a Political Elite: Two Case Studies: Confucian Education in the Tang, Sung, Ming and Ching Dynasties; and the Late Victorian Public Schools (1870 – 1914)", *Sociology of Education*, Vol. 37, No. 1, 1963, pp. 9 – 26.

[2] 西方社会所讨论的功绩主义主要是指迈克尔·杨和迈克尔·桑德尔等所讨论的那些仅仅以个人努力结果为判断标准，忽视个人道德修养和社会整体功绩的，且带有强烈社会达尔文主义的个人主义功绩思维。

[3] 《论语·颜渊》。

[4] 《论语·子张》。

又关乎现实制度安排。作为一种理论构想，君子从儒家学说创建之初就不断启发了后世学者，并提升了儒家尚贤伦理的可及性。作为一种现实人格，它则表现为中国古代在政治选拔时以君子品德为衡量人选的重要标准。

本部分将重点讨论那些在上一节所未详述的君子的具体美德。例如，在《论语·宪问》中，孔子特别指出仁、智、勇是君子的美德，"君子道者三，我无能焉：仁者不忧，知者不惑，勇者不惧"。同样，孟子也提出"恻隐之心，仁之端也；羞恶之心，义之端也；辞让之心，礼之端也；是非之心，智之端也"①。然而，这些列举出的美德只是冰山一角，孔孟二圣直接或间接讨论的君子美德要比这两个说法中所描述的美德要多得多。例如，斯科特·莫顿（W. Scott Morton）总结了君子六大美德：一是沉着和果断；二是谦虚和谦逊，甚至是温和；三是具有互惠意识；四是忠实；五是能够意识到错误；六是人格独立。②

但在早期儒家提到的所有美德中，仁和礼是其中最为重要的美德。最能同时展现这两种美德的道德主体就是儒家君子。正如柯文雄所说，"君子是实现'仁'与'礼'的现实代理人，他既能够在演绎礼仪时培育仁德，又能够用积极的品格来激发仁爱礼节"③。君子成为儒家功绩的承载者的更深层原因在于，君子具有道德自主性、灵活性且能够进行伦理反思，这使得他们能够平衡"仁""礼"之间可能

---

① 《孟子·公孙丑上》。

② W. Scott Morton, "The Confucian Concept of Man: The Original Formulation", *Philosophy East and West*, Vol. 21, No. 1, 1971, pp. 69-77.

③ A. S. Cua, *Dimensions of Moral Creativity: Paradigms, Principles, and Ideals*, London: The Pennsylvania State University Press, 1978, pp. 64-65.

存在的张力。例如，君子所表现出来的"权"这一德行就意在灵活处理个人道德美德向公共领域扩展的伦理困境。

二 君子之德与道德"外推"

在目睹了东周时期公共生活的礼崩乐坏后，孔子借助"仁"和"礼"这两个基本概念来构建他理想的共同体。仁的最终意涵为爱人，是过一种好生活的内在道德基础和最终目标，孔子主张仁为道德修养的首要原则。而礼是实现个人修养、维护社会和谐的外在指引，因为礼节表现为对传统价值观的认同，是"一种文化生活方式的表达"①。礼这一"准制度化"② 机制为重建社会政治秩序和行为规范提供了基本框架。根据柯文雄的观点，仁和礼这组相互关联的概念分别是儒家道德的内在标准和外在标准。③ 儒家君子是能够将仁与礼和谐地融合在一起的理想人选。如前所述，君子最重要的任务就是行礼仁爱。在《论语》中，孔子说道：

> 质胜文则野，文胜质则史。文质彬彬，然后君子。④
> 君子去仁，恶乎成名？君子无终食之间违仁，造次必于是，

---

① A. S. Cua, *Dimensions of Moral Creativity: Paradigms, Principles, and Ideals*, London: The Pennsylvania State University Press, 1978, p. 63.
② 礼既包含了一系列正式的政治和社会制度，也囊括一些基本行为准则。因此，礼在整体上既无法被视作正式制度，但又展现出明显的制度特征，因此将其描述为"准制度化"的存在较为合适。
③ A. S. Cua, *Dimensions of Moral Creativity: Paradigms, Principles, and Ideals*, London: The Pennsylvania State University Press, 1978, pp. 50-65.
④ 《论语·雍也》。

颠沛必于是。①

　　君子义以为质，礼以行之，孙以出之，信以成之。君子哉！②

这三句话概括了儒家君子之德：其符合仁爱之道，行事遵守礼法。也就是说，儒家的教义不仅指出君子必须具备的"道德律"式的品格，而且还指出了实现这些品格所需借助的方法。

培养君子之德的出发点是弘扬"仁爱"这一美德，即爱人、礼貌待人、与人共情。在《论语》中，实现仁的两条基本路径是自我约束和自我反省。例如，孔子说："见贤思齐焉，见不贤而内自省也。"③这强调了自我反省的重要性。我们还可以在孔子与其弟子颜回的另一段对话中找到进一步证据。颜渊问至善德，子曰："克己复礼为仁。一日克己复礼，天下归仁焉。为仁由己，而由人乎哉？"④这里就是在强调自我克制的德行。此外，儒家教义除了培养道德美德之外，还强调个人美德的外在功能。子路（孔子弟子）问什么是君子，子曰：

　　子路问君子。子曰："修己以敬。"曰："如斯而已乎？"曰："修己以安人。"曰："如斯而已乎？"曰："修己以安百姓。修己以安百姓，尧舜其犹病诸！"⑤

"修身、齐家、治国、平天下"的理想之道也是培养君子理想人

---

① 《论语·里仁》。
② 《论语·卫灵公》。
③ 《论语·里仁》。
④ 《论语·颜渊》。
⑤ 《论语·宪问》。

格的必由之路。换言之，君子在任何情况下都应慎思、慎行、慎言。

除此之外，君子必须对礼仪的内在逻辑和义理有着清晰的理解和掌握。从儒家的观点来看，在礼的指导下行事应该与一个人的社会地位和责任相对应，这有助于创造一个有序、和谐的社会。因此，按照礼节的要求，君子要么礼节性地从事政治，要么相应地承担自己的社会（非政治）职责。更具体地说，在扮演政治角色时，孔子偏爱具有君子美德的子产（中国古代政客模范），因此将君子之德界定为：

> 有君子之道四焉：其行己也恭，其事上也敬，其养民也惠，其使民也义。①

君子的政治角色应该是忠于君主的臣子以及忠于人民福祉的正直官员。至于君子的非政治角色，则可为未受过教育的民众担任老师或顾问，这意味着君子可以远离政治，但他的高尚道德身份仍然要求他承担其他公共责任。例如，孔子指出君子的公共责任是："子欲善，而民善矣。君子之德风，小人之德草。草上之风，必偃。"② 这揭示了君子的社会教育和示范作用的必要性。总之，君子无论体现什么样的角色，都应对整个社会和公共生活有实质性的贡献，以彰显君子作为模范人物的道德优越性。正如曾子所言：

> 可以托六尺之孤，可以寄百里之命，临大节而不可夺也。君子人与？君子人也。③

---

① 《论语·公冶长》。
② 《论语·颜渊》。
③ 《论语·泰伯》。

需要强调的是,仁不仅表现为对他人的关爱,还包括对礼的自愿遵守与服从。然而,礼的实践也取决于对仁的理解。如上所述,孔子教导颜渊"克己复礼为仁","人而不仁,如礼何?人而不仁,如乐何?"① 这些观念都表明,虽然在儒家社会,礼成为儒家的"命理",但对礼的遵守仍然取决于儒家对仁义的判断方式,也丰富和促进了仁作为"道德律"的实践。换句话说,儒家是以仁礼学说作为构建理想社会的手段和目的。

总而言之,要实现儒家政治伦理所预设的理想目标,具有崇高道德品质和政治能力的君子是其中必不可少的关键群体。由于君子具有超群的政治才能和道德自主性,且能够始终保持自我修养,将公共事务委任给他们就是顺理成章的。由于君子在德道上能够实现自我约束,他们的政治行为会比任何制度安排都更严格,因此政治监督和问责对于君子而言是无意义的。如菲利普·佩蒂特(Philip Pettit)所指出的,在一个尊贤使能的政治体系中,一旦公职人员的行为低效或违规,对其进行道德指责或是名誉羞辱所造成的压力,比对其进行依法依律惩罚要大得多;在这一体系中,对道德荣誉和地位的追求不仅会推动公职人员循规蹈矩,还能够调动他们的积极性以避免懒政。②

因此,从儒家的视角来看,君子之德能够调和仁与礼之间的复杂关系,推动道德标准从伦理领域向外扩展至政治和社会领域,并最终助推社会秩序的恢复和发展。从君子之德来理解儒家的尚贤理想具有四方面内涵:一是明确尚贤制的组成要素和内在逻辑,并强调君子在

---

① 《论语·八佾》。

② Philip Pettit, "Meritocratic Representation", in Daniel A. Bell and Chenyang Li, eds., *The East Asian Challenge for Democracy: Political Meritocracy in Comparative Perspective*, New York: Cambridge University Press, 2013, pp. 138 – 160.

实现这一政治理想中的核心作用；二是将伦理与政治结合起来，弥补多数当代新儒家仅从伦理道德层面对功绩理念进行单方面阐释的不足；三是强调君子之德的核心在于其伦理反思能力，政治共同体的制度约束并不是影响君子品格的关键所在；四是推动后续关于古今君子的培养、选拔和发展的讨论。总之，道德品格和治理能力在君子理想中和谐相融、相得益彰，使该理念成为具体的、综合的、可实现的政治目标。下一节将从制度的角度来审视那些旨在教育、选拔和晋升具备政治美德公职人员的相关安排。

◇第五节　儒家政治伦理的制度基础

"人皆可以为尧舜"意味着儒家会赞同"众人皆可为君子"这一判断，并坚持赋予所有人道德发展的均等机会。《论语》《孟子》等儒家经典均认为人与人之间具备平等的道德潜力，这一观点类似于康德或德沃金主义对人的平等尊重。从儒家尚贤理念来看，若一个人勤于学习并获得了一定的功绩，国家就应该赋予其公职，使其为公共利益服务。尽管儒家支持潜能平等，但始终认为个人道德和能力的不平等在事实上是不可避免的，而造成这种不平等的原因主要在于个人努力程度存在差异。虽然儒家认为人人都有潜力成为君子，但历史和现实表明，只有极少的一部分人能够改善自身境况，提升自身道德修养。儒家政治理想并不试图去改变这一状况，而是借助教育和选拔公职人员的机制来构建理想政治共同体的制度基础。

历史上，儒家社会逐渐形成和完善了两组选拔人才的制度。一组专注于教育，通过建设相关制度来帮助那些有潜力成为优秀官员的人实现自身目标。另一组则与政治精英的招募、选拔和晋升相关，包含一系列既定原则和机构设计，旨在选择那些德行出众的候选人。需要注意的是，这两个程序相互依存，而非彼此孤立。

一 教育机制

教育是儒家道德修养的重要组成部分。在儒家思想的影响下，帝制中国的早期教育机制主要由两个部分组成：一类较为普遍，主要包括那些面向普通民众的学校教育，另一类较为特殊，主要指的是那些培养皇子以选拔合格的下一任贤君的教育机制。对后者而言，尽管基于血缘的君主制与儒家所推崇的尚贤制之间存在差异，但对继任君主进行严格训练和培养，以及在有限范围内进行继任者选拔时将功绩当作重要评判标准的方式，符合儒家贤者执政的理念。[①] 与之相对，普遍的教育机制向所有能够负担教育支出和时间充裕的男性开放。这些机构包括国家资助的学校、私立学院、慈善和寺庙学校、家庭学校或专门学校等。在接受一定程度的教育后，学员通常会参加朝廷定期举办的科举考试来博取功名，以期入仕为官。整体而言，基于彼时的社会经济条件，即便是向社会公开的教育机制也带有浓重的精英主义色彩，因为能够负担教育成本的家庭数量并不算多，接受教育的人数仅占总人口的一小部分。此外，普通教育的内容主要集中在阐释经典、培养个人道德以及践行仁德上。例如，东周的学校主要教授"礼、

---

① Joseph Chan, "Political Meritocracy and Meritorious Rule: A Confucian Perspective", in Daniel A. Bell and Chenyang Li, eds., *The East Asian Challenge for Democracy: Political Meritocracy in Comparative Perspective*, New York: Cambridge University Press, 2013, pp. 31 - 54.

乐、射、御、书、数"六艺,这在孔子看来是成为君子的基本要求。儒家尤其强调道德教育对个人成才的作用:

> 大学之道,在明明德,在亲民,在止于至善。知止而后有定,定而后能静,静而后能安,安而后能虑,虑而后能得。物有本末,事有终始,知所先后,则近道矣。①

此外,儒家教育的另一个目标是通过培养和提升个人的道德修养来实现社会和谐。儒家教育的内容和方法揭示了其崇尚君子治国的终极目标,这为在治理中发挥美德的积极作用提供了理论上的支撑。

二 选拔机制

为了超越基于阶级出生或种族的代际身份影响,儒家强调在官员的招募、选拔和晋升过程中,优先选择那些受过传统教育并且具有高于平均水平的能力和美德的人担任公职。受先秦儒家思想的影响,选贤任能成为汉代后被广为接受的政治意识形态。历史上主要存在两类方式来实现这一目标。一个是基于推荐的"征辟"和"察举",另一种是基于考试的科举制度。前者的思想来源是带有神秘色彩的"禅让制度",而后者则根植于儒家尚贤伦理并主导了中国近1300年的政治招募和选拔(从605年到1905年),进而在很大程度上使中国成为世

---

① 《大学》。

界上最大的根据功绩选拔官员的国家。[1] 虽然这两种官员选拔手段在中国古代几乎同时存在，但在隋朝（581—618）之后，科举逐步取代推荐，成为最重要的选拔人才方式。换言之，当儒家政治思想成为中国古代社会（从汉朝以来）的主导意识形态时，政治便表现出明显的尚贤价值观，并发展出具备儒家特色的政治和社会制度。在隋朝之后的6个世纪，科举逐渐成为主要的人才选拔机制。

（一）推荐：政治选拔的初始手段

在科举制度建立之前，儒家的选拔机制主要依赖推荐，它包含自上而下和自下而上这两个不同维度。具体地说，推荐可以分为两部分，一个是征辟，即从上而下招募精英候选人；另一种是举贤良或察举，即从下往上推荐基层人才。征辟由征与辟两个程序组成，前者指由君权直接招募享誉盛名的贤良之才，后者由中央或地方长官推荐。相较而言，察举起源于汉，展现了从基层选拔官员的独特维度。察举在汉语中也有两种不同的含义，"察"涉及发现、评价和评估；而"举"则意指向用人部门推举那些具备特定功绩的人。察举在县一级进行，由地方官员向中央政府推荐合适的人选。在一些时期，所有被推荐的候选人均需要参加一定的专业考试，以展示他们的政治潜力。例如，在魏晋南北朝（220—589）时期，根据职位的性质，候选人分别参加了孝道和公共政策等科目的测试。隋朝建立后，为加强和集中君权，征用、选拔和任用官员的权力大多集中于中央朝廷，地方官员行使选拔和推荐人才的自主权下降。随着科举制度的建立和实施，征

---

[1] Benjamin A. Elman, *A Cultural History of Civil Examinations in Late Imperial China*, London: University of California Press, 2000; Iona Man Cheong, *Class of 1761: Examinations, State, and Elites in Eighteenth-Century China*, Stanford: Stanford University Press, 2004.

辟和察举逐渐退出中国政治史舞台的中心。

(二) 科举：政治选拔的正统途径

既有研究对科举制度的功能进行了广泛探索，本书所讨论的科举制度主要涉及其选拔人才的政治功能。

科举制度正式成立于隋朝，并在之后的历朝历代不断完善。本杰明·埃尔曼 (Benjamin A. Elman) 认为，中国政府大幅增加了教育支出，并开创了世界上第一个大规模选拔文官的制度。[1] 科举的主要目的是通过竞争性、多学科、多层次的考试，选出最有才华、最具德行和最有能力的人来治理或帮助皇帝统治国家。在中国此后近1300年的朝代更替中，科举制度的尚贤这一核心功能始终得以延续。尽管科举的招募对象、考试形式和内容在后期发生了变化，但均未脱离儒家思想的范畴。

科举往往包含多轮考试。值得注意的是，对明清时期 (1368—1912) 正式成熟的三级科举制度的研究清楚地展示了科举考试所涉及的规模和等级，"每个层级考试的功名与行政等级之间存在一一对应的金字塔型关系"[2]。如果应试者想攀爬至这个"成功阶梯"的顶端，就必须至少参加五次考试，而这个过程可能要消耗一个应试者数十年的时光。

不论在哪个朝代，科举考试的具体科目总是与儒家经典相关，并可能因科目不同而呈现出一定差异。一般来说，科举考试的目的是检验一个人的文字能力和专业才能，测试其对儒家经典的掌握程度，对

---

[1] 关于科举制度相关研究，本书将在后续章节予以详细讨论。
[2] Iona Man Cheong, *Class of 1761: Examinations, State, and Elites in Eighteenth-Century China*, Stanford: Stanford University Press, 2004.

公共事务的见解以及提出的对策建议是否具有见地或可操作性。

随着考生范围的扩大、考试的规范化和考试内容的丰富，以儒家尚贤伦理为核心的官员选拔机制逐步成熟。与此同时，通过招纳不同阶层背景的应试者参与选拔程序，既增强了中央政府的合法性，又通过限制和削弱宗族和地方势力的权力巩固了中央权威。同时，随着知识分子通过科举入仕，官僚机构的质量也得到了保证（科举的包容性见后续讨论）。

然而，作为进入官僚体系最主要入口的科举制度并未能涵盖中国帝制政治选拔的全过程。在官员升迁的进程中，提拔、转任、考评、推荐以及最后由君主任用等环节都能够对官员的政治生涯产生至关重要的影响。首先，官僚体系中的人事部门会基于一定的择优标准，定期评估同级官员的执政表现，并供上级决策参考；其次，重要职务人选往往由位高权重的大臣推荐；最后，君主可能会批阅评估报告并做出最终裁定。这些程序是与科举相关联，但又与其不尽相同的儒家尚贤制度的组成部分。

所有这些机制提供了将儒家政治伦理进行制度化的框架和图景。通过对这些机制发展的简要分析，我们至少可以得出一个重要结论：在儒家特色的教育和选拔机制不断改善和发展进程中，那些阻碍实现贤者治国理念的旧制度，不论是僵化的社会等级，还是帝制固有的诸多缺陷，都在被逐渐打破。换言之，帝制中国的教育和选拔机制整体上是在不断向责任伦理和尚贤伦理靠拢的。

◇ 本章小结

本章主要讨论了儒家政治伦理的核心概念和制度支撑。前三部分分析了儒家"自我""责任"与"功绩"观念的双重特征和内部结构，从规范的角度来看，可以说儒家政治伦理是一套自洽且有吸引力的道德话语体系。第四部分介绍了儒家君子这一理想人格在儒家政治伦理中的关键地位。第五部分全面概括了儒家政治伦理的相关制度基础，这些制度在官员的培养、选拔和晋升中不仅能够实践尚贤理念，且具有较强的操作性。虽然帝制中国的政治实践与儒家的尚贤理论蓝图之间存在较大差距，但尚贤思想在当时的具体历史条件下，确实在社会阶层流动，激励有识之士通过竞争性考试攀登政治阶梯等方面产生了积极影响。儒家尚贤思想对顶层政治精英的影响尤为明显。所有这些因素在增强既得利益集团权力的同时，也能够为民众提供基本物质和精神需求，展现了制度化的儒家在历史上的合法性、连续性和稳定性。换句话说，儒家政治伦理就像一把双刃剑，它一方面强化了专制统治，另一方面又通过招募政治精英和动员社会力量来为人民提供基本公共服务。

以责任美德和尚贤理想为核心的儒家政治伦理是一种政治意识形态，它从理论和实践层面为当代世界，尤其是深受儒家文化影响的亚洲国家的治理体系建设提供了丰富资源。例如，当前中国的教育和选拔机制同样展现出较强的择优与功绩主义色彩，这为思考儒家政治伦理的当代价值提供了重要的现实背景。

第 三 章

儒家伦理与政治代表

◇第一节 代表概念探源

代表是当代政治理论中的一个关键概念，也是治理庞大规模国家的实践支柱。在西方民主政体中，民主与代表之间的紧密关系已经被认为是不言自明的，以至于二者之间的结合似乎被视作一种无需质疑的公理。然而，近期民主和代表的这一结合受到了从语言学和历史学方面的挑战。从词源上看，与代表相关的话语首先出现在罗马法中，并且从彼时起一直在演变。[①] 而民主这一概念则源自古希腊传统，彼时的民主主要指的是一种面对面的集体决策机制，而非依赖于代议制。除了词源上的差异，这两个概念在历史上的发展进程也表现得各不相同，甚至存在矛盾。例如，在中世纪，教皇和国王偶尔会派政治

[①] Mónica Brito Vieira and David Runciman, *Representation*, Cambridge: Polity Press, 2008; Nadia Urbinati and Mark E. Warren, "The Concept of Representation in Contemporary Democratic Theory", *Annual Review of Political Science*, Vol. 11, 2008.

代表自上而下地向地方选民征税和适用法律。① 在这种情况下，政治代表并非是民主的。

近年来，民主机制和代表之间看似牢不可破的联盟受到了相关实证研究的进一步质疑。从代表逻辑看，政府合法性来自选民授权，公共政策的结果应该对选民的利益关切有所回应。但一项关于美国政党政治代表性的研究认为，"代表商业利益的经济精英和利益集团对美国政府政策具有重大的独立影响，而普通公民及其代表群体缺乏，甚至几乎没有独立影响力"②。这一研究成果无疑颠覆了关于代表概念的传统认知。此外，部分国家在大选中存在投票率较低的现象，这也使议会等民主机制的代表性受到质疑。正如汉娜·皮特金（Hanna F. Pitkin）所言，代表与民主的联姻看似稳固，其实不然。③

与之相对，越来越多关于中国政治的研究表明，人民代表大会、行政机关以及其他非正式制度等多种代表机制有效地回应了民众诉求，是中国国家治理有效性的重要组成部分。例如，有证据表明，长期被西方学界视作象征性和描述性代表机构的中国地方人民代表大会，在代表当地居民利益的进程中，扮演了实质性代表的角色。④ 除

---

① Mónica Brito Vieira and David Runciman, *Representation*, Cambridge: Polity Press, 2008, pp. 9 – 10; Karen Celis, "Gendering Representation", in Gary Goertz and Amy G. Mazur, eds., *Politics, Gender, and Concepts*, London: Cambridge University Press, 2008, p. 72.

② Martin Gilens and Benjamin I. Page, "Testing Theories of American Politics: Elites, Interest Groups, and Average Citizens", *Perspectives on Politics*, Vol. 12, No. 3, 2014, p. 565.

③ Hanna Fenichel Pitkin, "Representation and Democracy: Uneasy Alliance", *Scandinavian Political Studies*, Vol. 27, No. 3, 2004.

④ Tomoki Kamo and Hiroki Takeuchi, "Representation and Local People's Congresses in China: A Case Study of the Yangzhou Municipal People's Congress", *Journal of Chinese Political Science*, Vol. 18, No. 1, 2013; Melanie Manion, "Authoritarian Parochialism: Local Congressional Representation in China", *The China Quarterly*, Vol. 218, 2014.

了地方代表大会，中国自上而下的行政监督机制以及自下而上的社会反馈渠道都是政府回应民众诉求的动力。[1] 从这个角度来看，代表的概念，尤其是实质性代表，并不必然依赖于西方民主制下的自由选举。

经验研究表明，在当代政治实践中，存在多种路径来实现政治代表，而民主选举只是其中之一。虽然儒家思想在传统社会几乎没有孕育出现代民主理念和机制[2]，但基于儒家政治伦理的丰富理论资源和实践案例，我们仍然有可能从儒家中发现一种独特的代表逻辑。尽管关于儒家政治伦理的现有文献已经揭示了儒家和民主之间存在相容性，但从政治代表这一视角出发来探讨儒家与民主间关系的讨论尚为空白。尤其是在代表理论历经了建构主义转向后，建构主义的代表模式与儒家政治伦理存在一定的通约性，并可能成为理解儒家政治伦理的一个重要视角。[3] 因此，探索儒家代表逻辑及其实践经验可能会对代表理论提供两个重要贡献。一是探索一种独特而系统的儒家代表理论，能够深化关于儒家与民主关系的比较，因为此前关于儒家与民主关系的讨论往往意在以西释中，而非促进二者间的对话。二是通过比

---

[1] Jidong Chen, et al., "Sources of Authoritarian Responsiveness: A Field Experiment in China", *American Journal of Political Science*, Vol. 60, No. 2, 2016: 383 – 400; Lily L. Tsai, *Accountability without Democracy: Solidary Groups and Public Goods Provision in Rural China*, Cambridge: Cambridge University Press, 2007; Yiqing Xu and Yang Yao, "Informal Institutions, Collective Action, and Public Investment in Rural China", *American Political Science Review*, Vol. 109, No. 2, 2015.

[2] David Elstein, "Why Early Confucianism Cannot Generate Democracy", *Dao*, Vol. 9, No. 4, 2010.

[3] Joseph Chan, *Confucian Perfectionism: A Political Philosophy for Modern Times*, Princeton: Princeton University Press, 2014; Sungmoon Kim, *Confucian Democracy in East Asia: Theory and Practice*, Cambridge: Cambridge University Press, 2014.

较一般代表逻辑和儒家代表逻辑,不仅可能对儒家在当代的创造性转化有所助益,更有可能推动儒家为当代代表理论贡献自身独特的理论资源。尤其是对受儒家影响的东亚社会而言,儒家代表也许能够发展出一种文化和政治上均有吸引力的善治观念。

本章的余下部分将首先概述政治代表的一般逻辑,其次详细阐述儒家经典中潜在的代表关系,并提供一种有别于"委托—代理"机制的儒家代表方案。再次,在建构儒家代表模式后,本章会将这两类代表模式进行比较,辨清二者之间的异同。最后,本章将尝试去探索儒家代表模式的当代意义,以及儒家社会对一个"好"代表的品德期盼。

◇ 第二节　政治代表的一般逻辑

随着自由主义思想的发展,英国内战成为代表概念和实践与民主政治相挂钩的起点。[①] 在代表与民主政治结合的最初阶段,由于当时的政治制度并未授予民众普选权,而是设置了诸如财产门槛等参政限制,相关政治制度并未在很大程度上提升代表机构的民主性。[②] 但自20世纪以来,随着民主革命的不断发展,西方民主国家的普选权范围逐渐扩大,代议制理念和机制建设得到了不断完善,代表与民主愈

[①] Hanna Fenichel Pitkin, "Representation and Democracy: Uneasy Alliance", *Scandinavian Political Studies*, Vol. 27, No. 3, 2004; Karen Celis, "Gendering Representation", in Gary Goertz and Amy G. Mazur, eds., *Politics, Gender, and Concepts*, London: Cambridge University Press, 2008.

[②] Bernard Manin, *The Principles of Representative Government*, Cambridge: Cambridge University Press, 1997, pp. 94–131.

发紧密地结合在一起,二者在西方学界甚至时常被视作可以交替使用的概念。至今,政治代表最终演变出两种模式,一种是基于民主选举的"标准模式",另一种是基于代表性主张(representative claims)的"建构模式"。

"标准模式"是一种最为常见的政治代表。[①] 正如汉娜·皮特金所指出的,代表(或曰再现)指的是"将某种东西呈现出来,但这一东西实际上并不存在(或在场)"。皮特金界定了代表的四个类型,即形式性代表、象征性代表、描述性代表和实质性代表。政治代表意味着代表方要么象征(stood for),要么代替(acted on behalf of)被代表方行动,后者蕴含了一种"委托—代理"关系。在皮特金的分类中,实质性代表最为关键,是政治代表的核心,它"意味着代表方根据被代表方的利益,并以对他们负责的方式来行事"[②]。"委托—代理"逻辑能够确保前者在一定程度上回应后者的诉求[③],因而能够提升代表的回应性。

然而,代表的标准模型,尤其是其中的实质性代表在理论上存在缺陷。它将被代表方界定为"给定的"[④],或"逻辑上优先于"[⑤] 代表

---

① Dario Castiglione and Mark E. Warren, "Rethinking Democratic Representation: Eight Theoretical Issues and a postscript", in Lisa Disch, Mathijs van de Sande, and Nadia Urbinati, eds., *The Constructivist Turn in Political Representation*, Edinburgh: Edinburgh University Press, 2019.

② Hanna Fenichel Pitkin, *The Concept of Representation*, Berkeley: University of California Press, 1972, pp. 144, 209.

③ Nadia Urbinati and Mark E. Warren, "The Concept of Representation in Contemporary Democratic Theory", *Annual Review of Political Science*, Vol. 11, 2008, p. 389.

④ Michael Saward, "The Representative Claim", *Contemporary Political Theory*, Vol. 5, No. 3, 2006, p. 300.

⑤ Karen Celis, "Gendering Representation", in Gary Goertz and Amy G. Mazur, eds., *Politics, Gender, and Concepts*, London: Cambridge University Press, 2008, p. 100.

第三章 儒家伦理与政治代表 | **67**

方。从这个逻辑来看,被代表方的利益诉求可能会限制代表方的自主行动空间和创造力。受此影响,西方国家政党机制未能很快适应社会发展变化,越来越多的选民对政党的忠诚度下降,甚至不再认同各大主流政党的施政纲领,这导致政治参与不足和选票大量流失。代表机制的失灵成为选民政治冷漠的重要原因。简·曼斯布里奇(Jane Mansbridge)着眼于代表方与被代表方之间对利益诉求的相互建构,提出了一种预期型代表(anticipatory representation)的前瞻性模型①,这一模型强调在代表关系中,代表方创造性行为的重要作用。例如,为了在下一次选举中取悦选民,前瞻性代表可能会预测、援引、动员甚至操纵被代表的潜在利益。②

随着代表理论的建构主义转向,迈克尔·萨沃德(Michael Saward)彻底颠覆了政治代表的"委托—代理"思维,并将代表方的创造力置于代表关系的中心,推动了代表理论的发展。萨沃德跳出了"代表关系必须从被代表方开始"的桎梏,将政治代表界定为代表性主张。在萨沃德等建构主义者看来,代表是一种动态关系的构建,他们认为:"代表是一个提出代表性主张的过程,观众或部分观众在这个过程中对这一主张予以接纳或拒绝的行动,就可被理解为一种代表关系的建立。"③ 基于代表性主张的"建构模式"拓宽了我们对这种

---

① 曼斯布里奇基于对议会议员类型的实证研究,提出了预期型代表(anticipatory representation)、自主型代表(gyroscopic representation)和代理型代表(surrogate representation)三种新的代表概念。见 Jane Mansbridge, "Rethinking Representation", *American Political Science Review*, Vol. 97, 2003。

② Lisa Disch, "Toward a Mobilization Conception of Democratic Representation", *American Political Science Review*, Vol. 105, No. 1, 2011; Jane Mansbridge, "Rethinking Representation", *American Political Science Review*, Vol. 97, 2003.

③ Michael Saward, "The Representative Claim", *Contemporary Political Theory*, Vol. 5, No. 3, 2006, pp. 298-303.

政治代表的理解,并"比传统的政治代表理论带入了更广泛的参与者、背景、对象和结果"①。

根据这两种代表模式,政治代表的实质就是建立关系,代表方的行为要么由被代表的利益驱动,要么呈现为富有洞见的代表性主张。尽管这两种代表模式的侧重点和关注点有所不同(前者是被代表方,后者是代表方),但它们都聚焦于使这种关系具有代表性这一核心议题。无论是标准模式还是建构模式,无论是选举授权还是非选举式的协商,都将被代表的接受度或同意度视为判断代表关系是否有效的决定性标准。即使是在安德鲁·雷菲尔德(Andrew Rehfeld)提出的政治代表一般模型中②,对一个关系是否具有代表性的判断也取决于相关参与方的同意。换言之,政治代表的一般模式构建于以权利为基础的自由主义哲学之上,代表关系的合法性最终来自于被代表方的接受和认可。

◇第三节 政治代表的儒家逻辑

众所周知,儒家政治伦理既描述了一种美好生活的场景,又发展出一套具有操作性的政治实践原则。因此,儒家对代表关系的理解既存在于一种纯粹理论性的理想境况中,又存在于现实的政治关系中。在理想情况下,儒家主要讨论了天、君、民三大政治角色。而在现实

---

① Karen Celis, et al., "Rethinking Women's Substantive Representation", *Representation*, Vol. 44, No. 2, 2008, p. 102.

② Andrew Rehfeld, "Towards a General Theory of Political Representation", *Journal of Politics*, Vol. 68, No. 1, 2006.

境况中，儒家讨论了天、君、臣、民四个儒家政治实践中的关键角色。通过审视理想和现实两种境况中代表关系可以发现，儒家代表关系构建的基础在于行为体的角色演绎和情感联系，而非基于权利伦理的投票授权。

一 理想境况中的代表关系：天—民—君

儒家的代表关系，首先是天、民、君的三位一体关系。这个复杂的链条揭示了儒家政体中政治合法性的起源和基础。

天这一概念是儒家政治伦理的要件。在儒家中，天的概念蕴含有自然、宗教和哲学意涵。有关天的讨论在《论语》中共出现49次，天在这些讨论中主要被界定为三类概念：第一，天指涉关于自然的一切概念；第二，天是一种人格神（类似于基督教的神）；第三，天是道德规范的起源和体现。此外，孟子批判性地将天的概念转变为具有道德内涵的精神实体，弱化了天作为人格神的含义，而强化了天的人本主义内涵。[①] 例如，在《孟子》293次提及天的语句中，孟子说："是故诚者，天之道也；思诚者，人之道也。"[②] 意思是天与人是相通的：天是人类道德的本源和指南，人们最终可以通过道德的发展来领悟天的本质。

天人合一的伦理关系同样适用于政治。天在政治中最重要的作用是保证天下万物发展繁荣。然而，作为政治合法性的资源，天的非人格性意味着在政治实践中需要有一个代表来表达和执行天意。因此，

[①] Sor Hoon Tan, *Confucian Democracy: A Deweyan Reconstruction*, Albany: SUNY Press, 2003.

[②] 《孟子·离娄上》。

在儒家传统中，特别是在孟子的学说中，天的世俗化和政治化总是伴随着两类行动者：民和君。从天、君、民三者之间的关系来看，天和君之间的关系是一种实质性代表，因为君主需要按照天命来为政；而天与民的关系则隐含着一种描述性代表关系，即人民的福祉是被用来理解天命的指征。这些关系共同构成了儒家政治代表的基础。

（一）天与君

由于天不能像人一样听、说、行，因而从委托代理的角度来看，上天需要寻找那些能够解读、传递和执行其意志的世俗代理人，并授权他来"替天行道"。基于天人感应这一前提，天的理想代表之一便是那些能够感知天意的儒家圣王。[①] 选择贤德的圣王来代表天具有双重内涵。

第一，圣王理想是尚贤伦理的最高形态，他出自于具有领悟天命的道德能力和带领人民走向繁荣的政治能力的群体。儒家尚贤伦理可以追溯到传统儒家对社会分工和阶层的讨论：

> 然则治天下独可耕且为与？有大人之事，有小人之事。且一人之身，而百工之所为备。如必自为而后用之，是率天下而路也。故曰：或劳心，或劳力；劳心者治人，劳力者治于人；治于人者食人，治人者食于人：天下之通义也。[②]

---

① 关于圣王的详细讨论，参见 Stephen C. Angle, *Sagehood: The Contemporary Significance of Neo-Confucian Philosophy*, Oxford: Oxford University Press, 2010; Julia Ching, *Mysticism and Kingship in China: The Heart of Chinese Wisdom*, Cambridge: Cambridge University Press, 1997。

② 《孟子·滕文公上》。

投身政治是道德修养的重要路径。尽管所有人都有平等的道德潜力，但往往只有极少数人可以做到。"平等尊重人民"和"平等尊重人民的德行"之间的区别就是试图证明这一观点。[1]

第二，君作为天的代表是有条件的。《大学》云，《康诰》曰："惟命不于常！"道善则得之，不善则失之矣。因此，根据孟子对天命的阐述，世俗统治者只能通过为人民提供适当的物质和精神福祉来证明他们作为天的代表是能够为天所接受的，因为"天视自我民视，天听自我民听"。如果统治者没有照顾到人民的基本利益，那么他们在实质上就失去了作为上天代表的这一使命。[2] 因此，天与君之间的这种代表关系，只有在人民得到照顾的情况下才存在，是有前提条件的。同时，这也意味着现任君主不具有将代表角色传递给或委任给其他任何人的权利。统治者所能做的，仅是将他选择的候选人推荐给上天，然后上天根据人民的福祉来决定是接受或是拒绝这个被推荐的候选人。简而言之，在儒家看来，君作为天的代表，需要回应天的关切和诉求。这么看来，天与君之间的关系非常类似于皮特金所界定的实质性代表关系。

（二）天与民

由于儒家的政治合法性在于为政者是否能够为人民提供令人满意的物质和精神福利，因此天命并不仅限于天和君之间的二元关系。人民在"天—民—君"这组关系中扮演着重要的指示性角色，是君与天之间的中介。为了理解民的作用，有必要回顾前文已讨论的民本这一

---

[1] Kwanhu Lee, *Political Legitimacy, Representation and Confucian Virtue*, University College London, Ph. D. Dissertation, 2014.

[2] 《孟子·离娄上》《孟子·离娄下》。

关键概念。首先，人民是政治的基础。《尚书·五子之歌》指出，"民惟邦本，本固邦宁"。先秦时期的主要儒家代表人物，如孔子、孟子、荀子，都提出了类似理念。其中，孟子的民本理念对儒家思想的发展产生了重大影响，经常被拿来与民主进行比较。孟子说："民为贵，社稷次之，君为轻。"① 然而，民本的说法没有阐明天与民之间的相互作用，缺乏说服力和实践性。孟子注意到了这种可能的危险，于是提出"天视民视"的思想，以巩固人民在世俗政治中的重要地位。根据孟子对道德自律的阐述，"四端"，即"恻隐之心，仁之端也；羞恶之心，义之端也；辞让之心，礼之端也；是非之心，智之端也。人之有是四端也，犹其有四体也"②，使人能够与天相交，以修身体现天意。这种思想把人民，特别是人民的福祉，作为决定政治合法性的核心要件。此外，根据"天视自我民视，天听自我民听"，一旦人民的福祉出现衰退的迹象，世俗统治者需要意识到赋予他们的天命可能被收回。这意味着人民可以充当天的代理人，为统治者提供评价和纠正错误行为的意见，并促进其提升政治表现。总之，天与民共同决定了由谁来统治。人民的接受被认为是上天接受被推荐的统治者继承政权的关键标准。③

虽然儒家政治的首要关切之一是人民的福祉，但人民福祉与天命始终是相容的。从儒家社群观来看，民与天有着相同的利益。这么看来，民应被视作天命的表征。从这个角度看，人民是天命的描述性工

---

① 《孟子·尽心下》。
② 《孟子·公孙丑上》。
③ Sor Hoon Tan, *Confucian Democracy: A Deweyan Reconstruction*, Albany: SUNY Press, 2003, p. 137.; Robert Eno, *The Confucian Creation of Heaven: Philosophy and the Defense of Ritual Mastery*, Albany: SUNY Press, 1990, pp. 99 – 130.

具，准确地感知人民的诉求，就能够更好地理解天命的超然诉求。更确切地说，人民的物质和精神福祉决定了君主是否能够代表天。换句话说，人民福祉从指示性或表征性的意义上代表着天，但人民的代表功能也仅止于此。对天的利益进行实质性代表的工作仍然由君王来承担。

综上，理想情境的"天—民—君"互动既包含一种实质性的代表关系，又呈现出一种描述性的代表关系。作为被代表方，上天授权贤能君主替它治国理政。同时，君主要对天的利益有所回应，这体现在君主对人民福祉的关怀上。而民作为一个参考物，可被理解为天命在现实生活中的表征，是一种描述性代表。值得注意的是，这两种代表关系是相互关联的：在代表天命的同时，实质性代表需要从描述性代表（即民众的生活状态）中提取信息，以保证代表方（君主）对被代表方（天）的回应性。这么看来，实质性代表和描述性代表均构成了儒家政治的合法性基础。

二 现实境况中的代表关系：天—君—臣—民

在阐明了政治合法性的起源和儒家政治伦理中的两种基本代表关系之后，就需要进一步分析儒家社会在现实政治运作中，存在哪些具体的代表关系。儒家经典中所讨论的具体政治代表分为三种类型：一是天命对世袭君主的授权；二是王权与官僚系统之间的互动关系；三是提出代表性主张的士大夫，他们往往积极投身政治，并主张自身能够代表天命、道或人民福祉。

（一）天命和世袭君主

虽然上节讨论了谁有资格代表天命的问题，但先秦儒家经典中并未对如何选择天命的代表进行具体阐述。孟子在与万章讨论合格的继承人时，解释了禅让继承制的合理性：

> 天与贤，则与贤；天与子，则与子。昔者舜荐禹于天，十有七年，舜崩。三年之丧毕，禹避舜之子于阳城。天下之民从之，若尧崩之后，不从尧之子而从舜也。①

这说明在儒家看来，无论由谁来治理国家，只要他能促进人民的福祉，上天就会授予其权力。由于禅让在现实政治中并不具备很强的操作性，且需要在严格的条件下才能实现②，因此先秦儒家并未明确拒绝将世袭君主制作为选择统治者的合法方式。陈祖为认为，和谐与和平是儒家政治合法性的重要组成部分，世袭君主制相较于其他类型的政权更迭手段，更能够维持政治稳定，保障民众的生计。③ 对于先秦儒家来说，世袭制至少可以保护人们免受频繁的革命、战争和动荡带来的痛苦。从历史经验看，世袭君主制展现出了较强的韧性，其治理成效与同一时期的其他政体类型相比更为可靠。这些证据都指向儒家将世袭君主制作为政治代表的一种主要方式。

但世袭君主制的合法性仍然来自天命，而非血统。因此，民生福

---

① 《孟子·万章上》。

② Joseph Chan, "Political Meritocracy and Meritorious Rule: A Confucian Perspective", in Daniel A. Bell and Chenyang Li, eds., *The East Asian Challenge for Democracy: Political Meritocracy in Comparative Perspective*, New York: Cambridge University Press, 2013, pp. 34 - 37.

③ Joseph Chan, "Political Meritocracy and Meritorious Rule: A Confucian Perspective", in Daniel A. Bell and Chenyang Li, eds., *The East Asian Challenge for Democracy: Political Meritocracy in Comparative Perspective*, New York: Cambridge University Press, 2013.

祉作为天意的描述性代表，仍然是政治的首要关切。例如，滕文公问孟子治国之道。孟子说：

> 民之为道也，有恒产者有恒心，无恒产者无恒心。苟无恒心，放辟邪侈，无不为已。及陷乎罪，然后从而刑之，是罔民也。焉有仁人在位，罔民而可为也？是故贤君必恭俭礼下，取于民有制。①

这一说法与其在另一处的说法相呼应：

> 是以惟仁者宜在高位。不仁而在高位，是播其恶于众也。上无道揆也。下无法守也，朝不信道，工不信度，君子犯义，小人犯刑，国之所存者幸也。②

总之，在儒家政治伦理中，世袭君主只有不断提升人民的福祉才能合法地代表天命。否则，这种关系不能被视为一种实质性代表，或者可以说，根本不能被视为任何类型的代表。

（二）世袭君主和士大夫

就算是天命授权于符合条件的君主，君主也无法独自处理一个国家所有的公共事务。因此，他需要找到可以帮助他在中央和地方层面制定政策、执行法令的代理人。由于君主得到天命赋予的合法政权，他就有权力任命代表其执行政策的官僚机构并对其追责。虽然官僚机

---

① 《孟子·滕文公上》。
② 《孟子·离娄上》。

构在程序上代表君主，需要回应君主的利益诉求，但在理论上他们也应该对天命和人民福祉负责。

但值得注意的是，君主选择代表的程序不是单向的，而是基于相互承认。一方面，君主在按照一定的标准和程序来选拔合格候选人的过程中拥有最终决定权；另一方面，被选出的代表（即官僚）也可以判断君主的品德和政治能力，并决定是否完全遵照其政令行事。一旦官僚发现他们所需要负责的君主并非明君，他们就不一定会接受政治任命。本节简要概述了儒家传统中政治招募和选拔的标准和过程（官僚对君主的承认问题将在下文中讨论）。

正如前文所讨论的，自儒家学说建立以来，如何实现尚贤的伦理理想一直是儒家需要处理的一个关键政治问题。儒家对如何评价和选拔合适的候选人提出了一套方法和标准。例如，孟子就讨论了民意在为统治者选择潜在代表方面的重要性。

> 国君进贤，如不得已，将使卑逾尊，疏逾戚，可不慎与？左右皆曰贤，未可也；诸大夫皆曰贤，未可也；国人皆曰贤，然后察之；见贤焉，然后用之。[①]

并且孟子进一步说道：

> 尊贤使能，俊杰在位，则天下之士皆悦而愿立于其朝矣……如此，则无敌于天下。无敌于天下者，天吏也。然而不王者，未之有也。[②]

[①] 《孟子·梁惠王下》。
[②] 《孟子·公孙丑上》。

自汉代以来，儒家社会逐渐发展出一系列以德才兼备为目标的政治选拔方法。一是察举和征辟，二是科举考试。由于他们的教育背景和对儒家学说熟练掌握，这些被选为君主代理人的官员通常被称为"士大夫"。① 此外，在讨论了君臣之间的"委托—代理"关系之后，儒家经典还进一步论述了这种基于相互尊重和认可的关系的伦理品质。孟子说：

> 古之贤王好善而忘势，古之贤士何独不然？乐其道而忘人之势。故王公不致敬尽礼，则不得亟见之。见且犹不得亟，而况得而臣之乎？②

类似地，孔子也说：

> 危邦不入，乱邦不居。天下有道则见，无道则隐。邦有道，贫且贱焉，耻也；邦无道，富且贵焉，耻也。③

> 直哉史鱼！邦有道，如矢；邦无道，如矢。君子哉蘧伯玉！邦有道，则仕；邦无道，则可卷而怀之。④

这不仅强调了君主与士大夫相互尊重的重要性，也含蓄地表达了

---

① 钱穆对"士大夫"群体身份和人格特质进行了全面且深入的描述，参见钱穆《中国历代政治得失》，九州出版社 2012 年版。
② 《孟子·尽心上》。
③ 《论语·泰伯》。
④ 《论语·卫灵公》。

一个正直的士大夫在面对乱世时所应展现出的操守与气节。因此，有必要将注意力转向自我授权的士大夫身上。

（三）士大夫的自我赋权

张灏等学者强调儒家政治权威具有二元性：一是道统，即世代相传的道德精神真理；二是政统，即具体的政治制度，或指代世袭皇权传统。① 前者一般被拥有话语主导权，且自称能够领悟和参透道与天命的儒家士大夫所掌握。他们对天命的解释权破除了君主对天命的垄断。因此，一旦士大夫认为君主的政策未能将民众福祉放在首位，且在执政进程中行差踏错、有违天命，那么他们就会进谏于君主，对不合理的政策提出反对意见。孟子解释说，士大夫在苛政下可以辞掉工作，停止为腐败的政权服务。"无罪而杀士，则大夫可以去；无罪而戮民，则士可以徙。"②

同时，孟子还阐明了士大夫作为君主的代表所应负有的责任：

> 周霄问曰："古之君子仕乎？"
>
> 孟子曰："仕。传曰：'孔子三月无君，则皇皇如也，出疆必载质。'公明仪曰：'古之人三月无君则吊。'"③

---

① 学界普遍认为，道统最初由韩愈提出，其目的在于对抗佛教的法统，后世儒家学者对道统这一概念进行了不断提升和发展，使之成为儒家伦理的一个核心概念，甚至是儒家伦理的主轴。Hao Chang, "The Intellectual Heritage of the Confucian Ideal of Chin Shih", in Wei Ming Tu, eds., *Confucian Traditions in East Asian Modernity: Moral Education and Economic Culture in Japan and the Four Mini-Dragons*, Cambridge: Harvard University Press, 1996.

② 《孟子·离娄下》。

③ 《孟子·滕文公下》。

很明显，士大夫的道德自主性促使他们为人民的利益负责，即使人民没有意识到被代表，或者没有意识到他们的潜在利益被他人所关照。这一代表模式与埃德蒙·伯克提出的实质代表（virtual representation）和曼斯布里奇所提出的自主型代表[①]（gyroscopic representation）具有相似旨趣，均反映了代表倾向于依照自己的信仰和原则行事，而非对外部压力负责的观念。此外，自我赋权的逻辑与萨沃德的代表性主张在理论上相通。如果士大夫自身政见与统治者的观念发生冲突，士大夫就应表达他们的异议，并试图阻止公权力可能存在的滥用情况发生。在这里，士大夫虽然受君主委托来治理国家，是君主的代表，但他们在根本意义上所代表的是天命和百姓的利益，而非君主的意志。如果统治者坚守天命，努力提升人民的福祉，那么士大夫代表人民和代表君主的这两个使命就是一致的，否则士大夫就可能选择去追寻一个更能实质性地代表天命的新统治者，并为其服务。

三 儒家代表的动力之源：角色演绎和情感联系

"天与君"和"天与人"的关系虽然可以分别被视为实质性代表和描述性代表，但"君与臣"与"天与臣"之间的关系蕴含着代表与被代表之间的互动，因而超越了现有理论中的所有政治代表类型。这意味着在被代表方赋予代表方权力的同时，代表方也需要判断被代表方一方的真实诉求。这种相互认可的关系在君与臣这组关系中表现得尤为明显。如孔子所认为的"邦有道，则仕；邦无道，则可卷而怀之"和"有道则见，无道则隐"都在强调这种代表方与被代表方相

[①] Jane Mansbridge, "Rethinking Representation", *American Political Science Review*, Vol. 97, 2003, p. 520.

互之间的尊重和认可。

儒家视野中的代表关系既不将被代表方的权利和利益视作起点；也不认为被代表方本身对代表关系的有效性拥有最终决定权。换句话说，儒家的政治代表模式既不是利益导向的（关注被代表方），也不是基于代表性主张的（关注代表方）。它强调代表与被代表之间的相互认可，而非仅仅关注其中一方。因此，基于权利伦理的代表概念和类型学只展现了政治代表的一个面向。与之相对，儒家代表的独特性在于其所诉诸的两种动力：一是角色演绎，二是代表双方之间的情感构建和联系。

对儒家自我观的讨论指出，儒家政治伦理是一种以角色为导向的伦理。因此，本章有必要去讨论"角色代表"（role representation）这一概念是否能够成立。首先，儒家中的自我概念包含了人格的相互依赖和关系纽带，即"成为一个人就意味着进入一种关系，或是去演绎一系列的角色并承担相应责任"[1]。这与崇尚个人自由的自由主义存在明显差异。其次，儒家伦理本质上是一种角色导向的伦理，它认为一个人的各种社会角色要求他去承担相应的道德责任和政治义务。即一个人的社会关系决定了一个人的责任，不同层次的角色重叠构成了一个人复杂且多元的道德责任。最后，儒家对各种关系和每种角色的责任进行了相应的规定。例如，孔子说："不在其位，不谋其政"[2]，曾子曰："君子思不出其位。"[3] 因此，代表方和被代表方是被嵌入个人的各类社会角色中的。例如在儒家看来，为政者的角色内在蕴含着

---

[1] Mary I. Bockover, "Confucian Ritual as Body Language of Self, Society, and Spirit", *Sophia*, Vol. 51, No. 2, 2012, p. 180.

[2] 《论语·泰伯》。

[3] 《论语·宪问》。

一套德行和责任,这要求君主能够领受天命(作为天的代表),保障人民的福祉(作为天的代表),并且合理地选择由谁来代表自己(选拔代表自己的士大夫)。这意味着,所有的代表关系都深受个人所扮演的角色的影响,甚至在某些情况下被角色所框定。

除了角色演绎的动力外,情感纽带成为建构代表关系的另一个基础。"爱有差等"这一主张说明,儒家伦理是以特定的家庭关系为起点,并以一套普遍的道德原则为终点的。在个人道德修养的初始阶段,家庭生活为道德的发展提供了具体的场域和养分,父母子女、夫妻、兄弟姐妹之间的相互关爱构成了儒家家庭伦理的基础,而《论语》《孟子》则均以孝为成人之本。仁爱天下苍生这一道德原则蕴含着君与臣的普世政治义务。这一道德律驱使天、君主和大臣等代表方去主动且公平地关怀作为被代表方的人民的需求。在这里,支撑公平关怀论点的依据在于人文关怀和共情等情感主义式的反理性主义内涵。由于对主流规范理论和美德伦理的不满,女权主义关怀伦理构建了一种独特的,基于关怀和共情的道德说理。如卡罗尔·吉利根(Carol Gilligan)就认为,女性在心理上倾向于比规范推理更频繁地采用基于关怀的推理,其中前者关注特殊关系,而后者关注普遍正义。[1] 尽管基于关怀和基于正义的方法似乎不可能被融入一个单一的价值体系中,儒家的同理心(或曰共情能力)使特定的家庭伦理能够与一套普遍的道德原则话语相协调。儒家的基本美德,例如仁爱,就迫使我们主动去思考、去感知,甚至自发地在情感上与他人建立联系。例如,孟子批评齐宣王选择牺牲羊而不是牛背后的深层原因:

---

[1] Carol Gilligan, *In a Different Voice*, Cambridge: Harvard University Press, 1982.

> 君子之于禽兽也，见其生，不忍见其死；闻其声，不忍食其肉。是以君子远庖厨也……今恩足以及禽兽，而功不至于百姓者，独何与？然则一羽之不举，为不用力焉；舆薪之不见，为不用明焉，百姓之不见保，为不用恩焉。故王之不王，不为也，非不能也。①

另一个例子可以从孝和忠的道德美德整合中得出。正如孟子所说：

> 孝子之至，莫大乎尊亲；尊亲之至，莫大乎以天下养。为天子父，尊之至也；以天下养，养之至也。②

基于特殊的家庭伦理和仁爱的普遍道德原则，儒家政治伦理有望将这两者联系起来，并使儒家中的代表关系独特地建立在相互关怀和情感联系上，而不是建立在制度授权和责任等冷冰冰的制度之上。因此，基于角色演绎和情感联系，儒家语境中的代表概念包含两方面特征：一方面，代表是一系列责任而非权利；另一方面，代表涉及相互承认而不是单方面授权。

根据一个人所扮演的社会角色（父亲、统治者、大臣、共同体成员等），一系列或隐或显的角色责任要求成为代表如何行动的规范。如将在后续章节中讨论的那样，儒家思想强调了一些固定角色以及与这些角色相对应的美德。成为一个有道德的人就意味着他能够履行他的社会角色所暗示的那些美德，而不是成为单纯自由意志和实践推理

---

① 《孟子·梁惠王上》。
② 《孟子·万章上》。

的代表。此外，儒家的"正名"学说确切且直观地描述了角色代表的概念如何发挥作用，"人们应该坚持一组具有重要社会功能的共同共享的名称和词汇……对名的统一认知和理解名称的伦理意义对于社会和谐是必不可少的"①。以下儒家观点进一步阐明了履行代表性角色职责的重要性：

> 齐景公问政于孔子。孔子对曰："君君，臣臣，父父，子子。"公曰："善哉！信如君不君，臣不臣，父不父，子不子，虽有粟，吾得而食诸？"②

> 子曰："必也正名乎！……名不正，则言不顺；言不顺，则事不成；事不成，则礼乐不兴；礼乐不兴，则刑罚不中；刑罚不中，则民无所措手足。故君子名之必可言也，言之必可行也。君子于其言，无所苟而已矣。"③

所有这些说法都表明，一个人应该根据他所扮演的各类角色中所包含的责任规范来采取相应的行动。演绎一个角色意味着根据既有的角色规范来指导个人的行动原则。然而这并不意味着所有的角色演绎者都必然比社会中的其他人更有道德修养。④ 相反，这意味着每个角色演绎者都完成了自己的任务份额，而这些任务份额在道德上均是相

---

① Joseph Chan, "Confucian Attitudes toward Ethical Pluralism", in Daniel A. Bell, eds., *Confucian Political Ethics*, Princeton: Princeton University Press, 2010, p.119.
② 《论语·颜渊》。
③ 《论语·子路》。
④ Chenyang Li, "Equality and Inequality in Confucianism", *Dao*, Vol.11, No.3, 2012, p.30.

等的。

综上，以角色为导向的道德义务，以及以互相承认来代替正式授权的情感关怀就构成了儒家代表关系的基础动力。尽管代表和被代表的政治责任在某种关系中可能并不具有对称性，但儒家仍然强调代表和被代表都对其代表关系负有同等的道德责任，这就导出了儒家角色代表所强调的"双向认可"这一特征。这意味着代表与被代表之间的授权和问责应该是双向的和对等的。代表的存在不仅要建立在被代表同意的基础上，还要与代表对他所代表的人的评价有关。例如，三纲的新解将"互惠"一词重新引入君臣、父子、夫妻关系中。早期儒家经典的解读也强调代表和被代表之间的相互作用和承认，而不是无条件的服从：

> 定公问："君使臣，臣事君，如之何？"孔子对曰："君使臣以礼，臣事君以忠。"[1]

> 所谓大臣者，以道事君，不可则止。今由与求也，可谓具臣矣。[2]

> 孟子告齐宣王曰："君之视臣如手足，则臣视君如腹心；君之视臣如犬马，则臣视君如国人；君之视臣如土芥，则臣视君如寇雠。"[3]

---

[1] 《论语·八佾》。
[2] 《论语·先进》。
[3] 《孟子·离娄下》。

◇ 第四节　比较视野下的儒家代表

"角色演绎"和"情感联系"的最终落脚点在于个人所扮演的代表性角色上。儒家代表的核心并不在于具体利益或诉求，而是在于儒家所赋予特定角色的责任。相较于以"委托—代理"为基础的一般代表模式，儒家政治代表在"为什么需要代表""代表什么"和"代表与被代表的伦理纽带"三个维度上显示出自身的独特性。

一　为什么需要代表

西方国家采用代议制民主而非直接民主的直接原因在于其可实现性。现代国家的庞大规模和人口数量使得所有公民直接参与政治的成本高昂，且立法机构的规模与其决策效率之间往往呈现负相关关系。为了使民主运转起来，代议机制就成为平衡规模庞大的选民和高效的立法机构的现实选择。在此进程中，民众选择那些与自身政见相近或具有某些类似特征的人来代表自己。同时，代表相较于直接民主而言还具自身独特优势，如大卫·普洛克（David Plotke）所言，代表并非"直接民主理想与现代政治实践之间的不幸妥协，而是能够比直接民主更为高效地服务于民主的最终目标"[①]。还有部分研究显示，选

---

① David Plotke, "Representation Is Democracy", *Constellations*, Vol. 4, No. 1, 1997, p. 19.

民存在理性无知和随性投票行为[①]，而代议机构的功能之一就是解决个人利益聚合和多元偏好协调这一难题。因而，代表制是民主政治的最优模式，而非次优选择。此外，代表理论的建构主义转型赋予了代表新的功能。由于建构转向将利益和身份视为被建构的产物，而非预先给定的存在，代表在激发选民潜在诉求方面就被赋予更为积极的角色，进而使代表关系更为平衡。

显然，儒家政治伦理对代表的诉求与民主思想并不一致。儒家政治合法性的来源是形而上的天，而天命的核心在于世俗民众的福祉。因而如何理解天命，并按照天命的要求行事，是获得政治合法性的必然要求。在此进程中，天需要在世俗世界中委任一个（或一群）代理人来体现自身意志。从儒家对天的伦理和政治内涵的解读来看，经由尚贤方式选拔出来的为政者，而非民选的政客，才是天最理想的代表。他们不仅可以领悟天意，还具备"制民之产"等治国理政所需的道德水准和政治能力。出于务实的考虑，世袭君主制成为选择和培养政治代表的合理方式。同样，根据尚贤方式选拔出来的士大夫，其尽管在形式上是君权的代表，但在本质上仍应服务于民众的利益诉求。换言之，天命的存在是儒家政治代表存在的必要前提，由于民众的福祉是天命是否得以代表的指征，君与臣两个代表性角色的合法性均来源于人民福祉的提升。

二 代表什么

从本体论来看，民主代表的核心在于以理性的方式调和多元利益

[①] Geoffrey Brennan and Alan Hamlin, "On Political Representation", *British Journal of Political Science*, Vol. 29, No. 1, 1999.

之间可能存在的冲突，并最终达成共识。共识构建的过程意味着利益协调、原则制定和达成妥协。皮特金批评伯克代表理论的理由是"政治问题不可避免地是有争议的，没有正确答案"①。这表明，在民主代表中，个人利益的主观性可能与公共福利相冲突，而以公共利益为名去压制个人权利是极具争议的。简而言之，民主机制所代表的是民众的多元利益诉求，并努力将这些诉求汇聚成被广泛接受的公共利益。

与伯克的实质代表概念类似，儒家政治伦理强调代表的道德美德和政治能力，政治实践的关键就在于找到拥有参悟天命和解决现实问题能力的代表。② 儒家认为人民的福祉犹如天命一般是客观存在的。作为一种基于角色的伦理，儒家代表在政治实践中需要遵照与其角色相对应的规范。在演绎一个代表角色（君主或臣子）的过程中，个人需要遵守儒家所设定的"为政者"这一角色的伦理规范，而非时刻去回应被代表的诉求。例如，士大夫是一个典型的代表性角色，为人臣者的士大夫虽应代表君主推行政令，但他并不必要回应君主的所有要求，尤其是当君主举止与民众福祉相背离的时候，士大夫所要代表的始终是民众的利益，而非君主的命令。换句话说，儒家政治代表侧重于发挥代表一方的能动性，以使其更好地服务于公共利益，而不是固守被代表一方的特殊利益诉求。

在这个过程中，儒家对个人道德自主的强调也发挥着关键作用。

---

① Hanna Fenichel Pitkin, *The Concept of Representation*, Berkeley: University of California Press, 1972, p. 189.
② 这个观点与曼宁所说的"差别原则"（principle of distinction）相呼应，参见 Bernard Manin, *The Principles of Representative Government*, Cambridge: Cambridge University Press, 1997, pp. 94–131。

从基于角色的逻辑来看，每一种社会关系都隐含或明确地对应于一组给定的美德和责任，一旦个人所扮演的角色相互冲突，解决伦理困境就需要诉诸个人的道德自主。正是道德自主驱使儒家的政治代表对自身的不同社会角色可能存在的冲突进行反思，而非固守某些角色规范。此外，儒家道德自主的另一层重要内涵在于对弱势群体的关怀，这种情感联系是儒家所倡导的好生活的基本要件。综上而言，儒家代表就是角色演绎和道德自主的结合，二者共同推动儒家的君主和士大夫等为政者去关怀民众疾苦，更好地代表天命，最终提升普罗大众的整体福祉。

三 代表的伦理基础

代表是一个关系性的概念，民主代表的合法性在于代表一方得到被代表一方的认可。在标准模型中，预设的"委托—代理"关系将被代表方的同意置于代表关系合法化的核心，这一理念在政治实践中表现为选举授权。而在建构模式中，代表方所提出的具体主张能够唤醒潜在的被代表者，进而在二者之间构建出一种代表性的互动关系，但这种互动仍需要被代表一方所认可才能被称为代表关系。所以说，民主代表的合法性植根于权利观念和理性主义传统，其最终来源是被代表一方的同意。

相较而言，尽管儒家依靠"礼"确立了君臣之间的互动关系，但同时也将情感视为君臣关系的一个重要纽带。情感，如仁爱和孝道，可以推动对他人的感情联系并引发他人的回应。儒家坚信德行来自于德性，如孝道要求我们供养父母，并与他们建立一种根植于人性的相互关怀。根据"修齐治平"的外延逻辑，对父母的自发关怀构成了博爱的基础，体现了儒家伦理的人文主义特征。将这种逻辑应用到政治上，我们就有义务去爱自己的同胞并以人道的方式照顾他们的需要，这一点对于代表天命至关重要。关心人民福祉是儒家的绝对命令，它强调为政者提升民众福祉的行动不仅是基于职业规范，更应该展现出对民众的真诚关爱。同时，在一个社群中，社群成员所共享的道德规范、样貌、历史记忆、语言等都是构建代表关系的伦理基础，尤其是能够从情感上将社群中的代表方和被代表方联系在一起，并促使代表方去关怀和回应被代表方的利益诉求。[①] 除了情感纽带之外，儒家的角色代表还通过将人理解为关系个体，提出了代表方和被代表方之间需要存在一种相互认可的关系，强调代表与被代表之间的相互责任。换言之，儒家提倡一种基于角色演绎和情感联系的代表模式，这一模式的核心在于天命与民本这两个为政之基，且代表方和被代表方之间存在某种形式的相互承认，这种承认既可能是基于礼的制度性承认，也可能是基于情感的默许或遵从。

第五节　儒家代表的独特意涵

通过比较可以看出，儒家的代表模式注重对公共利益而非个人诉求的代表，强调代表与被代表之间的相互承认，而非被代表方对代表方的单向授权。此外，儒家还依赖角色演绎和情感纽带这两个关键要素来支撑儒家复杂的代表系统，带有浓重的家长主义性质。尽管儒家

[①] 这一观点与梅丽莎·威廉姆斯所提出的群体代表的情感来源相类似。参见 Melissa S. Williams, *Voice, Trust, and Memory: Marginalized Groups and the Failings of Liberal Representation*, Princeton: Princeton University Press, 2000。

的代表模式与一般代表模式之间存在诸多不同，但二者仍然存在对话和相互学习的空间。

不同于建立在个人权利基础上的代议制，儒家代表关系赖以成立的一个重要资源来自关怀和情感。西方伦理学中存在"情感—理性"的二分，而情感往往被视为非理性和不稳定的，因此需要通过实践理性来引导和控制。但是在早期儒家，尤其是孟子看来，情感（更具体地说是恻隐之心、羞恶之心、辞让之心、是非之心这四端）是天赋的，与我们的认知和行为动机密切相关。早期儒家不仅将情感视为道德行为的动机，而且"在实际上认为情感论证了善（道德）的合理性"[1]。在儒家看来，通过情感触发的代表行为，比起基于理性推理和规则约束的代表行为而言可能更为直接、高效且富有深度。在这一进程中，为政者不仅需要观察、感知和理解民众的物质需求，还需要使他们感知到自身被他人所关怀。只有这样才能够建立起一种彼此关怀和相互承认的情感联系，才能够展现出儒家代表最具魅力的一种形态。然而，这一理想状态的实现需要满足诸多严格条件，并非政治实践的常例。面对人民利益缺乏照拂、君臣关系紧张等现实困境，情感所能发挥的作用就极为有限。因此，陈祖为等提出将权利伦理作为维护民众福祉的一种"后备机置"[2]来对儒家代表进行改进。一旦基于角色和情感的代表关系失效或崩溃，人民就能够通过这一机制来鞭策

---

[1] 王云萍：《儒家伦理与情感》，《哲学研究》2007年第3期，第92页。

[2] Joseph Chan, "A Confucian Perspective on Human Rights for Contemporary China", in Joanne R. Bauer and D. A. Bell, eds., *The East Asian Challenge for Human Rights*, Cambridge: Cambridge University Press, 1999; Joseph Chan, *Confucian Perfectionism: A Political Philosophy for Modern Times*, Princeton: Princeton University Press, 2014; Justin Tiwald, "Confucianism and Human Rights", in Thomas Cushman, eds., *Handbook of Human Rights*, London: Routledge, 2011.

甚至惩罚那些失职失责的为政者。①

尽管儒家代表模式存在诸多不足，但其对当代社会所可能提供的启示也不容忽视。一方面，儒家基于责任和尚贤的伦理理想能够丰富一般代表机制的规范基础，为评价什么是"好"的代表提供养分。在政治代表的一般模式中，选举授权、问责制和回应性是评估代表合法性的标准。然而，随着建构主义转向的发展，"代表性主张"将被代表方带入了评价进程，强调一种代表方与被代表方之间相互承认。② 这与儒家基于角色和社会关系的相互承认在逻辑上并不矛盾，因而儒家在评价代表关系中所提供的启示在于强调被代表一方的积极角色。在儒家看来，代表关系并非仅存在于选举授权进程中，而在于整个代表关系从萌生到终结的全过程。被代表一方在授权给代表一方后，仍然需要为维护这一代表关系积极发挥作用，为代表提供更新的信息和诉求，并对代表的失职行为予以警示。否则，一旦代表关系被扭曲，被代表一方也需要担负相应的责任。正如孔子所说："不教而杀谓之虐；不戒视成谓之暴。"③ 这种相互承认和情感联系使被代表的人能在他们的代表中找到自己（的身影）。④ 另一方面，儒家强调对他者的关爱和爱有差等等理念推动我们反思诸如"如何代表自然和动物"一类议题。如孟子在"君子之于禽兽也，见其生，不忍见其死；闻其声，不忍食其肉。是以君子远庖厨也"⑤ 中所表达的，人对动物或自然的关怀来自对他们的同情，而这种同情并非建立在双向的情感联系

---

① 关于问责的具体逻辑，参见第五章的具体讨论。
② Michael Saward, *The Representative Claim*, Oxford: Oxford University Press, 2010, p. 159.
③ 《论语·尧曰》。
④ Suzanne Dovi, *The Good Representative*, Oxford: Blackwell Publishing, 2012, p. 157.
⑤ 《孟子·梁惠王上》。

上，而是来自个人对动物或自然所遭受的痛苦、愤怒和恐惧的主观上的感同身受。[1] 尽管儒家并未进一步阐释人类该如何去关怀动物或者自然，但是虐待动物和破坏自然显然并不会被儒家认为是道德的。这一点对我们评价一个官员或代表的表现提供了一个独特的视角。

◇本章小结

综上，尽管儒家并未讨论具体的代表概念，但代表关系在本质上植根于儒家传统。儒家强调角色责任和情感纽带，这促使我们去关注代表与被代表之间的互动关系，政治行为的情感基础，以及公共利益之于个人利益的优先性等议题。通过对代表的一般模式和儒家模式进行比较可以发现，不仅儒家代表需要从一般代表模式中汲取资源以推动自身发展，而且儒家代表所建基其上的双向承认和情感纽带等理念能够参与当代关于代表的规范性讨论，并对什么是好的代表以及如何代表动物和自然等问题提出自身独到的见解。

---

[1] Tongdong Bai, "The Price of Serving Meat—on Confucius's and Mencius's Views of Human and Animal Rights", *Asian Philosophy*, Vol. 19, No. 1, 2009.

第四章

儒家代表的历史实践

前文对儒家代表理论逻辑的讨论表明，所有形式的政府，无论是世袭君主制、军事独裁制还是民主选举制，都必须通过某种机制来满足民众的基本物质和精神诉求。与基于"委托—代理"模式的一般代表逻辑相比，儒家政治伦理在构建政治代表关系时，代表关系的起点和基础在于为政者对民众福祉与诉求的主动感知和积极作为，而非民众对自身需求的表达。在儒家看来，实现理想官民关系的基础在于为政者的道德责任和政治能力，尤其是为政者对普罗大众的"人溺己溺，人饥己饥"的同感共情。

在政治实践中，科举制度是古代中国最能体现儒家政治理念的一个基础性政治和社会制度，其在帝制中国中扮演了维护政治稳定、保障公共利益、协调地方利益及推动社会流动等关键角色。就其初衷而言，科举制度意在通过考试来选拔能够辅佐君主管理国家，服务民众福祉的贤良之才，其在实践中必然涉及"君臣""官民"甚至"央地"等政治代表关系。尽管既有研究对科举的理念渊源、制度建设、发展进程和社会影响等已进行了全面且深入的探索①，但其作为一种政治代表机制的功能尚未得到学界的充分关注。基于此，本章以科举作为对象，来探索儒家代表理念如何在现实中发挥效用。本章的第一节将儒家代表建立在如何定义、提供和平衡地区之间的公共福利的实际关注之上。第二节解释了为什么选择宋科举作为代表性案例进行分析的理由。第三至第五节将从包容性、代表性和回应性三个角度讨论儒家政治代表的实际效用。最后两节将对儒家代表制度的实践问题及其影响进行分析。

◇◇第一节 儒家政治代表机制的核心功能

尽管儒家经典并未直接论及"代表"这一现代政治理念，但"君臣""官民"等关系在本质上均可被视为代表关系。相较基于"委托—代理"逻辑的一般代表关系，儒家政治代表关系有效运转的基础在于为政者（代表）的能力和德行。在儒家社会的历史发展进程中，国家行政体系的设计以"为政以德"为最终目标，通过不断改善官员选拔机制，尤其是科举的功能，来提升儒家政治代表的效用。

在行政体系相对较为简单的传统儒家社会中，政治代表的职能相

---

① 代表性的中文文献包括刘海峰、李兵：《中国科举史》，东方出版中心 2021 年版；贾志扬：《宋代科举》，东大图书公司 1995 年版；李弘祺：《宋代官学教育与科举》，联经出版公司 1994 年版等。相关英文文献包括 Benjamin A. Elman, *A Cultural History of Civil Examinations in Late Imperial China*, London: University of California Press, 2000; Ping Ti Ho, *The Ladder of Success in Imperial China: Aspects of Social Mobility, 1368 – 1911*, New York: Columbia University, 1962; Iona Man Cheong, *Class of 1761: Examinations, State, and Elites in Eighteenth-Century China*, Stanford: Stanford University Press, 2004; Ssu-Yü Teng, "Chinese Influence on the Western Examination System", *Harvard Journal of Asiatic Studies*, Vol. 7, No. 4, 1943。

对具体且较为单一。如前文所述，儒家重视"名"（或曰角色）的功用，对官僚体制中的"君""臣"等职位所需具备的政治能力和道德品德均提出了较为具体的要求。换句话说，儒家代表理念强调代表者所需具备的功绩，而非血亲等与生俱来的资格门槛。从孟子的"天命"和"民本"等主张出发，基于角色的代表逻辑的合法性在很大程度上取决于这种关系是否提升了人民的物质和精神福祉。承担代表这一政治角色的人，无论是君主还是各层级官员，他们的基本任务都在于关注基本民生等公共利益。一旦代表将私人利益或部门利益置于公共利益之上，他们就将失去合法性，并不再有资格担任代表角色。因此，儒家政治代表在实践中的绩效取决于代表角色所需具备的美德和能力与其候选人的功绩之间的一致性，候选人的功绩越是接近代表角色的要求，儒家政治代表的绩效就越高。按照这一逻辑，儒家社会通过各种教育机构、官员选拔以及培训来为帝国官僚体系输送合格的候选人，以提升自身政治代表性。换句话说，儒家代表的实用性问题等同于如何通过教育和招募机制来择优选拔德才兼备的合适候选人，并分配他们担任相应的政治角色，以最大程度地维护公共利益。这么来看，何怀宏将古代中国界定为"选举社会"是恰如其分的。[①] 因此，在讨论儒家政治代表的效率和效能之前，需要对其中的两个关键概念，公共利益（被代表的是什么）和择优选拔（谁有资格成为代表者），进行简要解释。

对于儒家社会而言，全社会的普遍福祉，尤其是普通民众的福祉，是政治的基础，政治合法性因此依赖于提升（至少是维护）公共

---

① 何怀宏：《选举社会及其终结：秦汉至晚清历史的一种社会学阐释》，生活·读书·新知三联书店1998年版。在何怀宏的论述中，"选举"是选拔和推荐等人才选拔方式的统称，而非民主选举。

利益。正如部分学者所讨论到的,儒家中的"公"与"私"是一组相互关联且相互界定的概念,"公"与"私"之间并不存在一条清晰的界限,针对一定范围的共同利益既可能被视为公共的,但在与更大范围相比较时又被视作是部分的或私人的。在传统儒家社会中,反映"公"与"私"相关性最为典型的一个案例就是国家利益和地方利益之间的矛盾统一。历史上,幅员辽阔的中华帝国由许多地方行政区组成,其中的大部分地区由朝廷控制,在国家层面提升福利并且平衡地方利益之间的潜在冲突成为帝国治理的中心任务之一。由于公共利益是一个相对性的概念,国家利益与地方利益,以及地方利益之间往往可能存在冲突,一项提升地方利益的举措并不一定导致国家整体利益的提升,因此在中央集权的体系中,需要在国家层面平衡央地关系以及调解地方之间的利益冲突,以维护社会和谐与区域平衡发展。

  儒家在如何平衡多元诉求之间的紧张关系问题上并没有发展出一套具体可供执行的制度,而是寄望于选拔出具有卓越智慧和实践能力的官员对各类情况进行灵活处理,以求巧妙地缓解紧张局势。根据儒家角色伦理,官员需要妥善处理与自身不同角色相关的各项利益冲突。例如,古代地方官员的重要职责之一就是调解当地的各类纷争。在调纷解争中,官员不仅需要熟练运用各项法律,还应审时度势地应对各方合理诉求,以求找到最佳的解决方案。在儒家看来,保障社会公共秩序和人民群众根本利益的关键在于"尊贤使能,俊杰在位",唯有如此"则天下之士皆悦,而愿立于其朝矣"[①]。在儒家看来,受良好教育的君子群体无疑是在政治体系中承上启下的最为关键的代表,他们不仅具备参悟天命(或曰道)的能力,即代表"天";而且

---

① 《孟子·公孙丑上》。

是君主进行政治统治的代理人,即代表"君";还担负提升黎民百姓福祉的责任,即代表"民"。"志于道"的品格强调了君子的道德责任在于遵照"道"来引导社会由混乱走向有序。儒家社会中的君子与韦伯式官僚群体存在明显差异,究其原因就是君子对自身所处的社群具有强烈的认同感。这种情感纽带不仅使君子将社群成员的福祉视作自身职责所在,还能够提升社群成员对其的认同和支持。对接受自上而下任命的官员而言,尽管他们在官僚体系中需要向上负责,但是他们的地方身份和生活经历是其获得地方民众支持的重要来源,这也成为他们向下负责的理据所在。

为了评价儒家代表机制在历史上的效用,本章通过对科举制度的分析来说明儒家社会是如何通过选拔合格官员来维护地方利益与国家利益的和谐共存。科举在制度设计上意在择优选拔德才兼备的应试者为朝廷效力,这反映出儒家社会对官员等公共角色具有较高的政治和道德要求。帝国官僚机构通过具有鲜明儒家色彩的科举制度吸纳了大量人才。在此过程中,对民众利益的代表和回应并非官僚体系设计的首要考量,而是科举制度发展的结果。换句话说,儒家代表机制的效能并不取决于选举授权,而是依靠选拔具备相应功绩的为政者来实现治理目标并构建自身政治合法性。因此,儒家代表机制的有效性就取决于政治选拔制度是否能够满足选贤任能的儒家政治目标。在诸多的选拔和晋升机制中,科举是其中最具代表性且最能反映儒家政治理想的现实制度。分析科举在选拔人才方面的功效有助于管窥古代中国官僚体系是否以及在何种程度上将公共利益和民众诉求纳入政治进程。同时,科举所涉及的名额分配问题是协调区域利益冲突的典型案例。由于每次科举所能够录取官员的数量是有限的,来自不同区域的应试者之间存在竞争关系,某一个区域获得的名额越多就意味着其他地区获得的名额总量变少。因此，维持官员地域背景的平衡被视作科举所面临的一项重要难题。维持区域公平既可以提升官僚体系的活力，又能够为地方诉求的向上传递提供渠道。虽然儒家的选拔机制并非意在构建政治代表关系，但它为地方利益在中央层面的竞争与调和提供了一个间接渠道。可以说，厘清通过科举选拔出来的官员的区域构成变化，是理解地方利益如何在中央层面被代表的重要途径。

第二节 儒家政治代表的核心机制：科举

自诞生以来，科举在制度建设和应试内容上都逐步朝着儒家的尚贤理念发展。在既有关于科举的研究中，关于官僚机构内部的合作与对立的相关文献为分析儒家代表机制的效用提供了丰富素材。

本书第二章简要介绍了科举的发展历史。历经数百年的发展，科举这项由国家主办，通过举行定期考试来招募公职人员的制度逐渐成为古代中国最为常见也是最广为接受的选人用人机制。但在科举的初始发展阶段，由于相关制度建设的不完善，应试者和考官存在合谋利用漏洞操控科举结果的可能，因此早期的科举并未显著地提升所选拔出的官员的能力与德行。直到宋代（科举成立后近500年），科举的制度建设得到较为显著的改善，并朝着儒家善贤的目标迈进。宋代之后，科考进官文化达到高峰，并被视为普通人谋取公职、参与政治的唯一正统方式。"学而优则仕"的儒家思想在社会上盛行，尤其是被那些受过教育的应试者所广为接受。对那些不具备天赋（血亲或门阀）身份的普通人而言，科举成为他们改变自身境况的"成功阶梯"，他们希望通过接受教育和考取功名使自己和家人过上更好的生活。而且，"万般皆下品，唯有读书高"的社会文化不仅为考生群体所接受，也为各社会阶层所接受。与考试相关的文化也影响了中国古代文学、礼仪甚至建筑的发展。可以说，尚贤文化和制度建设逐步成为主导宋代社会、政治和文化的主轴，这也为本章分析科举制度的代表功能提供了基础。

本章选取宋代科举进行案例研究的另一个原因在于，宋代及第士子的地域身份构成存在较为明显的差异，这为分析科举的地域公平，进而评价儒家的代表机制提供了论据。作为一个幅员辽阔的大国，宋代中国被秦岭—淮河线大致地分为华北和华南两个大区，南北方之间的语言和文化存在较为明显差异。受北方边境连年战争的影响，宋代的政治经济中心逐步由北向南转移，朝廷内部南北两股势力间的冲突也逐步显露出来。在很长一段时期内，南方士子占据了宋代科举及第的大部分名额，进而导致了帝国朝廷中南方政治势力的增长和北方政治势力的逐步衰落，这一现象引发了科举选拔是否应该将地域因素纳入考量的讨论。作为实现儒家善贤理想的一种手段，理论上，除了依靠伯克式的实质代表来协调多元利益诉求之间的冲突外，代表机制的相关研究并未给美德和功绩在政治代表中发挥作用留出发展空间。然而，科举取士中关于南北方士子及第比例的现实问题迫使朝廷将尚贤的理想与地域公平的现实考量进行平衡。在此情况下，科举取士的公开性和公平性，尤其是对地域公平的考量，成为那些希望通过考取功名来改善自身和家庭社会地位的普通民众的重要关切。

关于科举地域公平的讨论为讨论儒家代表关系构建提供了充足的空间。根据第三章关于情感作为代表关系构建动力的讨论，儒家代表关系的构建是基于代表和被代表者之间情感联系和前者对后者利益的关怀，而朝廷官员与地方士子之间基于地域身份构建的情感联系与利益正好为审视这种代表关系的发生与发展提供了合适案例。对于大部分朝廷官员而言,他们入仕前的地域身份是他们与具有相同地域身份的士子之间进行互动的重要纽带,且这一身份催使这些官员在朝廷制定相关政策的进程中为具体的地域利益进行辩护,这一进程可被视作典型的实质性代表。科举是一个涵盖多层级考试的体系,士子们必须在他们所居住的地区进行初试,因而他们的科举生涯从一开始就被深深地打上了地域身份的烙印。在通过科举选才的帝国朝廷,地域身份总是或明或暗地与官员的政治倾向联系在一起,并往往成为央地互动的重要政治动力。从描述性代表(descriptive represetation)的概念来看,在朝廷官员的身份构成比例与国家南北人口比例一致的情况下,朝廷就能够被视作幅员辽阔帝国的一个缩印,其制定的政策所代表的就是民众的共同诉求,反之,则可能存在代表性不足的问题。① 更重要的是,不同于将选民与代表联系起来的选举授权机制,儒家社会提倡人们应该对故土怀有真诚的情感,因为人的各类角色的完善离不开具体的社会关系及其所成长的具体环境。如许仕廉(Leonard Shih-lien Hsu)所指出的,儒家对人的这一特殊认识论将朝廷官员与区域利益关联起来,并催使官员积极主动地充当地方利益的代表。②

综上所述,宋代科举可以作为衡量政治代表如何在儒家社会中发

---

① 有学者质疑区分不同官员代表不同地域利益的必要性,因为在他们看来,贤德官员必然会通盘考虑到地域利益平衡这一重要问题。一旦官员代表地域利益,他们的角色就与儒家所期盼他们展现的道德美德存在冲突。尽管这一观点存在一定合理成分,但恰恰是身份之间的不同导致了地方利益能够被更好地代表,进而提升相关政策的有效性,因而官员代表地方利益和提升全国公共利益之间并非必然相冲突,而是相融合在一起的。

② Leonard Shihlien Hsü, *The Political Philosophy of Confucianism: An Interpretation of the Social and Political Ideas of Confucius, His Forerunners, and His Early Disciples*, New York: E. P. Dutton & Co., 1975.

挥作用的典型案例。本章之所以选择宋代科举进行研究，不仅在于科举的相关制度在宋代日趋成熟，使其选拔官员的成效不断接近儒家的尚贤理想，还在于它为代表多元的区域利益、化解区域利益冲突并最终形成各方均可接受的妥协方案提供了一个重要平台。此外，基于地域身份的情感纽带使地方利益与中央政策之间的互动成为可能，这有助于评价儒家代表模式的回应性（responsiveness）。因此，官员决策时将自身的地域身份及所涉及的地域利益纳入决策考量的程度，就是衡量儒家代表机制有效性的重要标准。

为了说明宋代科举所展现出的代表功能，本章构建了一个初步的分析框架来衡量科举这一代表机制的有效性。本章在皮特金关于代表的类型学讨论的基础上，提出了描述性代表（standing for）和实质性代表（acting for）两组标准来衡量代表机制的有效性。前者为衡量代表机制的"表征性"（representativeness）提供了诸如包容性和相似性等具体指标，而后者则意在揭示代表所蕴含的"回应性"这一更深层次的意涵。皮特金在其1967年的著作中对描述性代表和实质性代表进行了深入分析。在她看来，对描述性代表而言，代表者与被代表需要具备一定的相似之处，甚至应该是后者的一个缩影，如欧洲议会之于整个欧盟的选民；而对实质性代表而言，代表者对被代表者诉求的回应是其核心内涵。以科举制为例，对其表征性的衡量包含包容性和相似性这两个子标准，包容性指的是朝廷官员的培养、招募和选拔过程是否能够做到公开和公平，而相似性则涉及朝廷官员的地域背景比例是否与全国比例相一致。这两个标准，尤其是前者体现了儒家"有教无类"的思想。而本章对实质性代表的分析聚焦于及第士子地域身份构成，以及科举取士规则在地域问题上如何演进等问题。在实践中，这些问题表现为官员选拔是应该仅以功绩为依据，还是应该将地域因素纳入考量？对这一实质性代表模式进行分析，有助于我们进一步理解儒家代表机制是如何代表地方利益，以及如何协调特殊地域利益与公共利益。

◇ 第三节　科举制度的包容性

为了巩固政治代表的道德美德与其公职要求之间的一致性，儒家社会形成了包括推举与科举考试在内的一系列制度来选拔德行出众的掌权者，并促使他们尽可能地维护公共利益。

在宋代，科举是择优遴选具备较高道德和政治素养的候选人担任公职的主要政治制度。科举制度之所以长久存在并得到不断发展，一是因为与推荐等其他政治选拔制度相比，科举是最能够根据政治素养和美德来培训、招募和提拔公职人员的一套较为完善的机制；二是因为科举不仅仅是一场场的考试，更是包括教育系统在内的一套综合性人才培养和选拔机制，参加科考的士子在其学习生涯中不断研习儒家经典，并被灌输以"道"之名来伸张正义，为人民的福祉负责，至少在学理上，儒生被教育要将人民的福祉放在政治议程的首位；三是因为科举制度呼应了儒家"人皆可以为尧舜"和"有教无类"等观念，即政治职位应该由贤能之士担任，而不应被血亲贵族占据。基于这些因素，以尚贤为目标的政治选拔在本质上就是公开和公平的竞争。随着科举开放性和公平性的不断提升，竞争水平就越高，被选拔出来的人才就越优秀，官员（代表）就越有可能将提升民众福祉当作其首要使命。因此，科举作为一个全国性和综合性的政治机制，其开放性和公平性就成为衡量其能在多大程度上选拔合适的官员，进而代表公共利益的重要标准。

一　开放性：政治职位在多大程度上向社会开放？

保持公职向社会开放是儒家尚贤政治伦理的一个核心理念。理论上，开放意指官僚体系面向全社会广纳人才，普罗大众不因出生阶层、贫富或族群背景等因素而从一开始就被排除在政治职位的竞争之外。但在实践中，不同朝代科举的开放程度均存在差异，部分社会群体始终未能获得考试资格。

自科举成立之初，隋文帝就禁止体力劳动者和商人阶层参加科举。《唐会要》记载："自今已后。州府所送进士。如迹涉疏狂。兼亏礼教。或曾任州储小吏。有一事不合清流者。虽薄有词艺。并不得申送。"[1] 到了宋朝，虽然有犯罪记录的人仍然被排除在科考资格之外，但工人和商人阶级的后代则获得了参加科举的资格。[2] 在宋朝之后，科举制度的开放性并未发生较大改变，农、工、商等阶层积极参与科举。但社会地位低于普通人的群体，如奴隶、演艺人员和其他从事特定职业的人群及其直系亲属则一般不被允许参与科举。

整体而言，科举实现了尽可能广泛地从社会取材的愿景。从参加科举的资格来看，影响科举开放性的因素主要包括五点：一是存在犯罪或违礼行为。其中不仅包括因违法而受刑的罪犯，还包括那些违礼（如不尽孝道）的人。二是从事特定职业的群体（如奴仆或戏子等）被排除在外，限制这部分人群参与科举的原因在于他们缺乏基本的物质和道德水准，而这些均是一个合格官员所应具备的基本素质。这一

---

[1]　《唐会要》卷76《贡举中》，中华书局1995年版，第1380页。
[2]　瞿同祖：《中国法律与中国社会》，中华书局1981年版。

规定其实与西方早期民主实践类似,即将财产所有权视为主张民主权利的前提。三是女性被排除在公职队伍之外,尽管女性接受教育的权利并未受到严格限制,但女性在古代的社会角色更多地面向家庭,这是一种全球现象。四是对服丧群体进行短暂的考试和任职限制。孝道在传统社会被视作一项基本美德,这一观念自汉代以来被制度化为一种特殊的德行修养方式,即丁忧。一旦存在父母等直系亲属去世的情况,考生不能参与科考,而在位的官员也应辞官守制。[①] 需要强调是,丁忧限制是暂时性的,丁忧期满后即可继续参加科举或复职。五是残疾人士和宗教神职人员。

尽管相关规定将部分人员排除在科举体系之外,但由于儒家尚贤伦理强调公职人员的能力和德性,强调"有教无类",因而社会身份限制并非个体参与政治所无法跨越的障碍。有证据表明,一些具备过人才干和品德的人才并未受到社会身份的严格限制,而是被破格招募进公职队伍。可以说,在尚贤伦理看来,功绩是判断一个人是否能够胜任公职的最终标准,社会身份在这个进程中只是起到辅助作用。可见,尽管相关政策限制了科举的开放性,但在具体的政策执行中,对科举参与者的身份限制在不断放松,真正的人才并不会因此而被完全排除在政治招募进程之外。个人功绩一旦得到广泛承认,其因社会身份所受到的限制就会被松绑。例如,商人从一开始不被允许参与科举,到后来逐渐获得参与科举的资格,这表明以功绩为最终标准的选拔方式在不断推动政治选拔的开放性,即提升政治代表体系的开放性。同时,尽管科举限制了特定职业从业者的参与资格,但这部分群体占总人口的比例并不高。此外,正如何炳棣所言,尽管某些社会身

---

① 丁忧的时间既有3年,也有27个月之说。丁忧时长的规定来自哺乳期,意在强调父母子女之间的情感和道德联系。

份是世袭的，但通过一两代人，甚至是几代人的努力来改变社会身份的可能依旧存在。例如，律法并没有严格限制仆役的后代从事其他非特定行业。一旦仆役的后代获得从事手工业或工商业的资格，则他们的后代就可以像其他社会阶层一样参加科举。[1] 可以说，在科举制的发展进程中，尽管其未将女性纳入政治选拔体系，但绝大多数的社会阶层被逐步赋予了参与政治选拔的资格。此外，若与同时期其他国家的政体进行比较，儒家社会政治选择的开放性仍然是较高的。

二 公平性：政治职位竞争是否公正

为了选拔有能力的候选人担任公职，儒家社会在政治选拔进程中逐步对个人功绩的评价体系进行了完善。在早期的政治选拔中，如汉代的察举制规定地方官员有责任去挖掘有才干的候选人，并推荐他们担任官职。为防止贿赂和裙带关系，推荐人对其推荐的候选人的不当行为需承担连带责任。具体来说，如果被推荐人未能通过相应考察程序或工作表现不佳，推荐人将面临被降职，甚至被免职的处罚。可见彼时的察举从制度设计出发，促使在任官员从能力和德行等方面来推荐能够胜任公职的候选人，是一个相对公平的政治选拔方式。

自科举诞生以来，其制度建设就不断得到完善，以应对政治选拔中可能存在的裙带关系和腐败等实际问题，尽可能提升科考取士的公平性。本节从三个角度来衡量政治选拔的公平性：第一，对普通人而言，接受教育和参加科举的成本是否是可负担的？第二，科举考试的

---

[1] Ping Ti Ho, *The Ladder of Success in Imperial China: Aspects of Social Mobility, 1368-1911*, New York: Columbia University Press, 1962.

最终结果由谁来判定,这些考官应采用什么评价标准,士子的才能是否得到公正的评价?第三,就科举制度本身而言,其如何防止考生及考官在考试和阅卷中的舞弊行为?

第一,接受教育和参加科举考试的费用对普通人而言逐渐变得可负担的,这意味着物质条件并未将有志之士从一开始就排除在科举制外。部分既有研究表明,在晚清时期,多数人拥有土地,这对多数人而言是主要的收入来源。[1] 而印刷术的发明则降低了学习材料的成本,使有志于参加科举的学子可以以相对较低的价格获取学习材料。[2] 而且,对于那些通过发解试并获得省试机会,但无法负担考试相关费用(如考试期间的食宿费用等)的士子而言,他们极有可能得到宗族、乡绅和地方官员的资助。可以说,随着经济和技术的发展,普通人参与科举的成本在不断下降。匮乏物质并不构成士子攀登"成功阶梯"的重要障碍。

第二,考官评判士子答卷的进程整体是客观公正的。考官如何评判答卷直接影响着科举取士的公平性。担任考官的人选大多是通过往届科举而获得功名的佼佼者,他们的道德操守在一定程度上是政治选拔公平性的保障。同时,为了防止考官偏私,科举对考试的评价标准做了相关规定,并制定了回避规则。例如,"别头试"原则规定,一旦考官的后代、亲属和弟子参加考试,这些官员在阅卷时需要对"利益相关方"回避。此外,由于唐代允许考官在科考前举荐部分士子,导致了裙带主义盛行。因此宋代的科举制度在构建进程中废除了这一制度,切断了考官和士子之间合谋的可能。

---

[1] 李景汉:《定县社会概况调查》,上海人民出版社2005年版。
[2] 钱存训等著:《中国科学技术史:化学及相关技术》(第一分册 纸和印刷),科学出版社1990年版。

第三，科举发展出诸多机制来防止考生和考官在考试和阅卷进程中作弊。这些机制包括考前搜身、"誊录"、"糊名"评审等。与现代考试相似，考生在进入考场前需要被搜身，以防止他们夹带资料进入考场。一旦发生舞弊行为，考生甚至主考官都会受到严厉处罚。"誊录"机制指由专人将考生的答卷重新抄写，极大降低了考官通过笔迹来辨认特定考生的可能。"糊名"，又称弥封，指遮挡试卷上的考生姓名和籍贯等信息，这同样意在防止考官与考生勾结影响考试结果的公正性。同时，一份答卷需要经由两位以上的考官进行评价，评价等次取两位考官的均值，一旦两位考官意见相左，则答卷将交由仲裁进行判定，这一机制极大地降低了单次评审可能造成的偶然性，保证使每个人考生的努力得到平等对待。同时，考官阅卷过程也受到严格监督，任何违规行为都会受到严惩，在某些情况下甚至会被判处死刑[①]，因此考官在重重制度约束下仍然偏袒某些士子的可能性极低。

现有研究表明，科举通过不断发展，至少在制度层面为考生提供了一定程度的公平性，尽可能保障那些勇于攀登"成功阶梯"的出众学子能够不断提升自身功绩，并经由考试选拔进入帝国官僚体系，最终实现儒家尚贤的伦理目标。

从科举的开放性和公平性来看，随着科举及其相关机制的不断完善，儒家社会的政治选拔也在不断接近"选贤与能"的目标。在开放性上，科举不断向尽可能多的社会阶层开放，尽管一些特定群体并未被纳入政治选拔进程，但这一基于功绩的选拔机制仍然提升了古代中国政治参与的开放性。而在公平性上，科举尽可能地排除了社会和经济因素对政治选拔公平性的影响，保障了候选人在政治选拔面前的基

---

① 何怀宏：《选举社会及其终结：秦汉至晚清历史的一种社会学阐释》，生活·读书·新知三联书店1998年版。

本公平。由此可见，以儒家尚贤伦理为目标的政治选拔机制展现了较高的包容性。不同社会阶层的应试者均可经由这一机制被选拔进入官僚体系，成为公共福祉的代表。

第四节 科举制度的表征性

科举制度的表征性（representativeness）是从地理视角来理解公共利益是如何构成的。描述性代表（descriptive representation）将代表理解为缩影（representation as epitome），即代表方是被代表一方在规模或数量上的微缩，如地球仪之于地球，欧洲议会之于欧盟国家全体民众。在大卫·贾奇（David Judge）看来，描述性代表展现出一种功利主义逻辑，是一个良好运转政府的关键组成要素。[1] 安东尼·波奇（Anthony Birch）则认为："基于描述性代表的逻辑，代表者在提升自身利益和福祉的过程中，会自动促进全体民众的福祉，甚至将其最大化。"[2]

在描述性代表的实践中，维持高度的表征性，即地域平衡，是衡量代表机制是否能够代表公共利益的重要因素。例如，行政区划往往是一国分配议会议席最为基础的依据。结合上文的讨论，在提升政治选拔机制开放性和公平性的基础上，如何将地域因素纳入政治选拔进程也是儒家政治伦理面临的一个重要问题。

除了提供国家层面的公共品（如国防、法律和政策）外，平衡和

---

[1] David Judge, *Representation: Theory and Practice in Britain*, New York: Routledge, 1999, pp. 21–45.

[2] Anthony Harold Birch, *Representation*, London: The Macmillan Press, 1972, p. 54.

协调地方利益也是维护政治稳定的重要组成部分。这一观念体现了儒家强调社群团结和谐的"大一统"理念。但在地方层面，由于各个地方的经济和社会发展水平存在差异，地方官僚在中央分配权力和资源的进程中，总是倾向尽可能多地为自身谋取利益，这导致地方利益之间存在竞争甚至是冲突。因此，如何平衡地方利益诉求就成为朝廷官员在代表公共利益，提升公共福祉中的关键环节。

在中国政治制度史上，地域公平是政治制度变迁的重要动力。例如，汉代的政治选拔就已将地域因素纳入考量。汉和帝时期颁布的政治选拔制度规定，每一年，人口超过20万的县可以推荐1名候选人。以此类推，一个拥有100万人口的城市每年推举5名候选人。而人口少于10万的县市每两年可推荐1名候选人。这种比例代表制旨在确保来自不同地区的人才有机会进入政治体系，提升政治体系的整体代表性。

在宋朝，不同区域在经济、社会和文化等因素方面的差异逐步对科举的结果产生影响。伴随着南方经济的逐步兴起，北方区域的发展逐渐显露出相对滞后的景象，这一现象也反映在教育水平和科举考试的结果上。经济发展水平对教育条件有着较为直接的影响，对于北方考生，尤其是那些来自贫困偏远地区的考生而言，他们在与南方考生竞争时往往处于劣势。历届科举的结果也表明，南方考生及第的数量要高于北方考生。这引发了关于科举取士是否应该兼顾地域公平的讨论。为了维持政治系统中的地域平衡并缩小地区之间的贫富差距，宋代科举发展出"逐路取人"这一配额制度来保护弱势地区考生的利益。这一理念与罗尔斯正义理论中的"差异原则"较为相似，"社会和经济存在不平等的正当性前提是这一安排能够顾及最少受惠者的最大利益"①。从宋代科举实践来看，配额原则保障了那些经济和社会发展水平相对较为落后区域考生的入仕机会。伴随这一制度形成和发展的，是关于科举应以考试公平还是地域公平为首要考量的论战。

北宋中叶，欧阳修和司马光关于科举取士是否应该顾及地域公平的争论成为这一论战的代表。司马光作为北方士子的代表，主张逐路取人，认为这有利于提升在社会文化方面相对较为落后地区士子学习热情，并有助于维持政治系统的地域平衡，维护国家的团结和统一。相比之下欧阳修则认为，科举应该唯才是举，配额制度在保护北方士子的同时，压缩了南方士子的中举概率，造成新的不平等。时至1425年，考试公平与地域公平之间的竞争与妥协被进一步发展为具体的南北配额。科举省试及第名额正式被南北两分，这一制度保证了北方考生在最终的殿试中能够获得四成名额，而南方考生占据其中六成。该配额体系随后发展为北、南、中（包括一些偏远地区）各占总席位的35%、55%和10%的三分法。尽管与现代政治制度相比略微粗糙，但配额制度仍然惠及了当时经济和社会条件最不利地区的考生，也平衡了国家官僚体系中南北政客的比例。

虽然这种妥协可能被视为统治者平衡各方利益，抑制任一政治势力持续扩张，进而维护自身统治安全的一种利己政策，但在考试公平和地域公平之间寻求平衡的尝试至少在客观上推动了官僚体系中南北官员的平衡，提升了科举制度的表征性。通过逐路取人，地方利益在朝廷制定政策的进程中得到代表。就地域身份构成而言，古代中国的官僚体系与当前的比例代表制民主存在类似之处，逐路取人的结果也类似于马克斯·韦伯所说的"被动民主化"，即"由某些社会力量所

---

① John Rawls, *A Theory of Justice*, Cambridge: The Belknap Press, 1999, pp. 53, 173.

导致的被统治者的水平化——这一过程在某种程度上为民主化做好了准备"①。

◇第五节 科举制度的回应性

在探索科举制度的包容性和表征性之后，有必要进一步探索儒家代表的回应性，即作为代表的朝廷官员是为何以及如何实质性地回应地方诉求的。在皮特金看来，实质性代表（substantive representation）指的是"代表回应被代表的诉求，并依据被代表的利益行事"②。实质性代表强调回应性，即代表进程不仅仅在于被代表利益的表达，更重要的是代表应将被代表的利益实质性地带入政策过程，并积极争取有利的政策结果。在选举民主制中，代表对其选民负责就是一种基本的回应性。不同于依赖选举授权和问责的民主选举，儒家角色伦理所蕴含的代表逻辑能够维持代表的行为与民众利益诉求之间的一致性。具体而言，官员这一角色所蕴含的道德和能力要求促使官员（即政治代表）在政策进程中将相关民众的利益诉求纳入考量。此外，朝廷官员自身的地域身份促使他们对故土产生一种情感联系，在与地域公平相关的议题上，官员的地域身份与功绩将引导他们为故土的合理利益发声。在这个代表逻辑中，确保代表回应性的动力在于伦理规范，而不是制度约束。在儒家代表机制中，基于公职角色的功绩、道德情操

---

① Richard Swedberg and Ola Agevall, *The Max Weber Dictionary: Key Words and Central Concepts*, Princeton: Princeton University Press, 2005, pp. 59–60.

② Hanna Fenichel Pitkin, *The Concept of Representation*, Berkeley: University of California Press, 1972, p. 209.

以及情感纽带等因素构成了朝廷官员为地方（尤其是故土）争取合理利益的动力源。从这个角度看，由于儒家代表关系的动力在于代表一方的自发负责而非受制于制度的被迫行为，基于儒家责任伦理的政治回应性比基于选举代表逻辑的回应性更为直接、真实和真诚。

上文所讨论的科举地域配额制度依然可以作为衡量儒家实质性代表的案例。如前文所述，由于中部和南方士子考取功名的概率远超北方士子，欧阳修与司马光在1064年至1066年间，在科举是否应该考虑地域公平这一问题上进行了激烈争论，并成功地将地域配额问题带入了政治选拔制度的改革议程。从案例背景看，欧阳修和司马光两人均通过科举入仕并官至高位，且二者都曾担任科举的考官，因此，分析二者关于考试公平和地域公平的争论，以及后续相应的科举制度改革，有助于理解科举是如何提供不同于选举授权的一种实质性代表。

从山西夏县入仕的司马光担任1063年的科举副主考，他注意到南北方士子及第比例越来越不均衡，北方士子及第人数下降，而南方士子及第人数上升的现象。1066年，司马光在接到太子中舍、知封州军州事柳材"逐路糊名"的配额取士建议后，随即上奏《乞贡院逐路取人状》。[1] 在此奏折中，司马光计算了1059年、1061年、1063年三次科举中部分地区及第人数和参加考试人数的比例，以此证明科举中存在地域不公平现象[2]，并提出"古之取士，以郡国户口多少为率。今或数路中全无一人及第，请贡院逐路取人"这一制度改革诉求。具体而言，司马光援引汉和帝时期的政治选拔政策（即根据当地人口总数，按照每二十万人取一人的比例来分配政治候选人名额）来

---

[1] 刘海峰、李兵：《中国科举史》，东方出版中心2021年版，第192页。
[2] 具体参见贾志扬《宋代科举》，东大图书公司1995年版，第308—309页。

说明配额制度的合理性，他认为，应该在省试时给予各路每十人取一人①的固定"地理配额"，保障各路均有一定数量的考生进入最终的殿试，避免一些来自弱势地区的考生在省试时被全部淘汰的情况出现，以达到平衡南北方士子诉求，尤其是提升北方士子及第数量的目的。

尽管司马光的统计因数据不全而引发了争议，但贾志扬、刘海峰等诸多学者的后续研究也表明，北宋时期南方士子及第的绝对数量和概率都要高于北方士子。这么来看，司马光作为北方士子的代表，提倡建立科举取士"逐路取人"的配额制度，就是在回应北方士子的诉求，是一种典型的实质性代表。

不同于司马光对地域公平的强调，代表南方士人的部分官员坚持认为科举的核心原则应该是择优选拔，即坚持以功绩的评价为核心，而不应考虑地域因素。例如，由江西庐陵应举入仕的欧阳修曾任1057年科举的主考官，他在司马光之前就已经注意到了及第者地域身份不平衡的现象，但他仍然主张科举应该"唯才是举"，即对功绩考量应优先于地域背景。欧阳修在《论逐路取人札子》中强调了科举的尚贤内涵："窃以国家取士之制，比于前世，最号至公。盖累圣留心，讲求曲尽，以谓王者无外，天下一家，故不问东西南北之人，尽聚诸路贡士，混合为一，而惟材是择。"② 此外，欧阳修还论证了南方考生之所以在科举中占优的原因。在他看来，北方士子擅长经史，而南方士子则更擅长文学、诗赋以及对儒家经典的创造性解读。由于北宋儒学的发展更倾向于对经典文本进行重新思考和解读，而非固守经典本意，所以也就不难理解为什么南方士子在科举中比北方考生更具竞争

---

① 取整之后，尾数不满十人但六人以上仍取一人，五人以下则不取。
② 《欧阳文忠公文集》卷113。

优势。

欧阳修明确反对司马光提出的逐路取人方案。他认为，北方偏远地区的整体教育水平明显低于中部和南方地区。因此，南方士子在发解试和省试中要面临比北方更加激烈的竞争，他们在最后一轮殿试之前经历了层层筛选，均是各个地区的佼佼者。从这个角度看，能够进入殿试的南方士子具备了较高的功绩水平。相比之下，北方士子在发解试和省试中所面临的压力要小得多，因而进入殿试的北方士子功绩水平可能参差不齐。如欧阳修所言，发解试和省试的成功率因地而异，北方士子通过这两场考试的成功率比南方士子高出十倍左右。因此，若采取逐路取人的方式来保护北方士子，那么这是对南方士子的逆向歧视，是不公平的。更重要的是，应用配额制可能会导致功绩普通、甚至较差的士子获得担任官职的现象，这与科举所反映的儒家尚贤伦理相矛盾。

欧阳修和司马光关于考试公平和地域公平辩论的结果已在上一节中进行了讨论。在这场争论之后，推崇儒家尚贤伦理的考试公平理想最终与主张地域公平的现实考量相妥协，科举因而进入了一个新的阶段，即发展为一种基于地理配额底线的人才选拔方式。鉴于此，以逐路取人为例，帝国官僚体系对地方诉求的代表进程可以被理解为以下四个步骤。

第一，地方利益诉求的产生。"地理配额"政策的出现源于北方士子改革科举取士制度的诉求。北宋时期，由于北方士子及第人数越来越少，而南方士子及第数量相应上升，北方士子逐渐成为科举中的"弱势群体"。造成这一现象的原因既在于北方地区受连年战乱而导致的经济和社会发展滞后，教育环境、资源和质量因此与南方存在差距；又在于科举考试偏重诗赋能力，而北方士子所擅长的经史不受重视。在此背景下，北方士子产生改革科举取士制度的利益诉求。

第二，地方利益的汇聚和表达。在北方士子逐渐认识到自身在科举中的劣势后，他们逐步将改革取士制度的诉求通过诗与论等成文的形式公开表达出来，以期形成社会舆论，使其受到地方官员的重视。在司马光上奏《乞贡院逐路取人状》的进程中，太子中舍、知封州军州事柳材扮演了地方利益汇聚和表达的中介作用。他提出"逐路糊名"以保护弱势区域的建议被司马光所采纳，并最终在帝国朝廷引发了关于科举取士的南北地域之争。在这一过程中，地域身份成为地方利益被汇聚、被表达并被代表的重要动力。尽管在司马光逐路取人观点的背后，有其刻意试图扶植北方士人为己所用的用意，但这也从侧面证明了地域身份可以成为政治关系中的重要纽带。

第三，地方利益的实质性代表。对于北方士子关于科举取士中南北不公的不满，帝国朝廷逐渐形成了对立的两派主张：自北方地区入仕的官员，如司马光，明确支持逐路取人的主张；而以欧阳修为代表的南方官员依然坚持唯才、唯能是举，认为逐路取人是在反向歧视南方士子。尽管关于地域公平的辩论并非始于司马光和欧阳修，但正是这场论战将这一议题正式带入政治议程，并在多年后发展成为一项新的政策。这一过程就是一种实质性代表。

第四，政策的回应性。宋代科举逐路取人辩论的发展及后续制度改革表明，尽管缺乏选举授权这一自下而上的制度性安排，但崇尚"大一统"的官僚体系仍然可以将地方利益带入中央决策进程，并最终制定相应政策来回应广大民众的诉求。

宋代科举中的地域公平争论表明，司马光与欧阳修的论辩对"逐路取人"政策的产生起到了重要作用，这一进程不仅能够反映考生对科举制度公平公正的期望，更应验了科举制在代表地方利益过程中所展现出的包容性、表征性和回应性。值得注意的是，儒家代表模式有别于一般代表模式的最大特点在于，作为君民之间纽带的政治官员在代表进程中能够充分发挥自身的道德自主性，扮演一个积极的代表角色。具体而言，官员在代表地方利益时，往往并非被动地去回应各类地方诉求，而是源于自身对地方利益的主动关怀，并提出所谓的代表性主张（representative claims）。一旦官员感知到社会上存在需要被解决的实际问题，他们就会主动将其带入具体的政策议程，并努力使问题得到解决。由此可见，儒家代表模式不仅在理论上能够自洽，还在实践中提供了一种回应普通民众利益诉求的独特方式。

◇第六节 儒家代表机制的评价

儒家政治伦理和制度建设对古代中国官僚体系的代表性和回应性起到了重要的推动作用。在此进程中，多数社会阶层被纳入政治选拔过程，地方利益矛盾在一定程度上得到调和。但以责任和尚贤为目标的政治制度在其发展中也面临其他因素的干扰，比如科举取士中的考试公平与地域公平之争最终造成科举"唯才是举"的初始目标向现实妥协。同时，科举在协调央地利益的进程中，同样存在不容忽视的缺陷。本节将从四个方面来讨论科举作为一个代表机制所存在的主要问题：一是有资格参加科举的人口占总人口的比重；二是科举选材占政治选材的比重；三是逐路取人制度的完善性；四是建立代表性政府的意图。

第一，在其近1300年的发展历程中，科举的准入门槛随着时间的推移而发生了改变。尽管大多数社会阶层获得参加科举的资格，但部分特殊社会阶层人员（如奴隶、戏子等）以及女性则无法获得参与科考的资格，这就意味着至少约一半的人口被排除在科举之外。如前所述，相较于同一时期世界其他国家的政治制度，儒家代表机制具备较高的开放性。若从现代政治的视角加以审视，科举制度的开放性就存在较大提升空间。同时，部分研究中国史，尤其是中国社会流动史的学者对科举制度是否能够提升社会流动性提出了质疑。在他们看来，科举的主要目标是为帝国官僚体系选材，而通过考取功名来提升社会地位仅仅是科举制度的副产品。本杰明·埃尔曼等学者认为，尽管儒家"有教无类"的观念被广为接受，但财务和社会因素将超过九成的人口排除在科举之外。[1] 与这一观点相对，贾志扬、何炳棣等学者则认为埃尔曼等人的结论过于负面。鉴于当时的社会和政治条件，科举为古代中国社会提供了相当程度的社会流动性。[2]

第二，从政治选拔的角度来看，尽管考取功名被视为入仕的"正途"，但其他方式，如推举和世袭职位仍然在古代社会的政治选拔中扮演了重要角色。有钱有势的集团可以通过贿赂官员，甚至公开购买而获得政治职位，而不用在竞争激烈的科举考试中脱颖而出。在官僚体系规模保持稳定的情况下，通过考试之外其他途径入仕的官员人数上升，就意味着科考入仕官员名额的下降。这是儒家尚贤伦理所面临

---

[1] Benjamin A. Elman, *A Cultural History of Civil Examinations in Late Imperial China*, London: University of California Press, 2000; Robert M. Hartwell, "Demographic, Political, and Social Transformations of China, 750–1550", *Harvard Journal of Asiatic Studies*, Vol. 42, No. 2, 1982, pp. 365–442; Robert P. Hymes, *Statesmen and Gentlemen: The Elite of Fu-Chou, Chiang-Hsi, in Northern and Southern Sung*, Cambridge: Cambridge University Press, 1986.

[2] 贾志扬：《宋代科举》，东大图书公司1995年版；李弘祺：《宋代官学教育与科举》，联经出版公司1994年版；Ping Ti Ho, *The Ladder of Success in Imperial China: Aspects of Social Mobility, 1368–1911*, New York: Columbia University, 1962。

的又一个现实困境。从这个角度来看，科举取士就成了服务于国家在社会、政治和文化层面治理需要的一套话语，而非实现儒家尚贤理想的现实途径。

第三，尽管朝廷在平衡不同区域利益诉求上费尽心力，但逐路取人的方案仍然存在较大的改善空间。首先，逐路取人仅仅将国家分为南、北（后发展为南、北、中）两个区域的方式缺乏准确性。逐路取人未将南北方内部在路一级的差异纳入考量，可能在各自内部造成新的不平等。其次，尽管科举对考生的户籍条件进行了严格界定，但科举竞争的激烈程度催使部分南方士子尝试各种办法，冒险迁移到竞争相对较小的北方地区去参加考试。最后，为了防止裙带关系和滋生腐败，朝廷在任命官员时需要遵守回避政策，即候选人不得在其家乡及周边地区担任职务。尽管这一政策有其合理性，但它实际上却对将官员与地方利益联系在一起的乡土情感纽带产生了负面影响。

第四，建立在儒家尚贤伦理基础上的科举制在构建代表关系时，极度倚重代表（官员）个人功绩来实现仁政善治。面对央地之间或地方之间的多元利益冲突，朝廷官员所援引的儒家经典或原则往往并不一致，甚至可能存在冲突。如在对"亲亲相隐"的解读上，儒家内部就存在截然不同的观点。换句话说，一旦出现利益冲突或伦理困境，儒家社会只能依靠那些具备道德自主性，且具有丰富社会阅历的贤能之士来艰难地维持利益均衡。这也应验了儒家官僚体系难以逃脱"人存政举，人亡政息"的困境。

此外，与对代表的制度约束相比，儒家政治伦理所倚赖的道德约束在实践中往往功能较弱，无法确保代表的回应性。正是由于过于倚重功绩在代表中的作用，儒家代表机制过于注重事前的（ex-ante）代表培养和选拔，而未能对事后的（ex-post）问责和惩罚机制给予足够重视。正如狄百瑞所言,儒家理想的君子人格既意在以人民福祉为己任,又希望能够扮演天吏这一角色,但这两个目标在实践中往往极难做到。[①] 尽管儒家已将其政治理想从最优的圣王政治降至次优的君子政治,但儒家过于倚重自律这一困境依旧未能得到有效解决。

◇本章小结

本章以宋代科举为案例,对科举这一典型的儒家政治选拔机制的包容性、表征性和回应性进行了深入分析,并解释了儒家代表机制开放的广度、深度与限度。研究表明,科举作为一种政治选拔机制,在实质上发挥了代表地方利益的功能。相较于同一时期的其他政体,儒家政治体系展现出较高的代表性。但从现代政治的视角来看,基于科举的代表机制仍然存在诸多明显不足,这也为意在当代重拾影响力的儒家政治伦理的发展提出了新的要求。

[①] William Theodore De Bary, *The Trouble with Confucianism*, London: Harvard University Press, 2009.

第 五 章

儒家伦理与政治问责

◇ 第一节 问责概念探源

权力是政治的核心要件,而如何控制权力则是当代政治学研究的主要问题。在治理实践中,几乎所有问题都与"权利"和"责任"这组一体两面的概念相关。问责已发展成为一个与代表、选举和法制等高度相关的重要政治概念。[①] 然而,一如代表和民主之间的联姻并不稳固,问责并非是一个被民主政治所垄断的概念。问责的最主要功能是"澄清责任"(account-giving),即一方基于道德的或法律的理由,来要求另一方为自身已有行为或未来行为进行澄清或辩护。

[①] Francis Fukuyama, *The Origins of Political Order: From Prehuman Times to the French Revolution*, London: Profile Books, 2011; R. D. Behn, *Rethinking Democratic Accountability*, Washington, DC: Brookings Institution Press, 2001; Joseph A. Schumpeter, *Capitalism, Socialism and Democracy*, London: Routledge, 2013; Richard Mulgan, "'Accountability': An Ever-Expanding Concept?", *Public Administration*, Vol. 78, No. 3, 2000; Mark Bovens, "Two Concepts of Accountability: Accountability as a Virtue and as a Mechanism", *West European Politics*, Vol. 33, 2010.

第五章 儒家伦理与政治问责

　　从观念史的角度看，随着问责内涵的扩展，其适用范围也随之发生变化。正如菲利普·斯密特（Phillip Schmitter）所言，问责可能发生在所有类型的政体中，"某些地区的掌权者为了保持政治和社会稳定，可能会接受某种程度的问责，无论这个地区的治理模式是否是民主的"①。例如，在独裁统治中，问责表现为独裁者与精英联盟分享权力，以谋求自身的统治安全②；在神权政体中，问责表现为对上帝的回应。这些证据都清楚地表明，各类政体均具备一定程度的问责，而问责有效性往往取决于一个政体中的权力结构。正如马克·沃伦（Mark Warren）所指出的，"有许多形式的问责制与民主无关"③。这么来看，问责既能够促进西方民主政治的发展，又能够维持其他类型政体的运转，是一个能够用来进行比较研究的独特视角。

　　基于此，本章以问责为切入点，对问责的一般模式和儒家模式进行比较，并提出二者之间相互学习的可能路径，以期挖掘儒家政治伦理的当代价值并构建一种一般性的问责概念，并为善治的发展提供思想资源。本章拟从以下几个层面来展开：首先，梳理问责概念在当代西方政治学中的基本逻辑；其次，挖掘儒家中与问责相关的理论资源，去尝试搭建专属于儒家的独特的问责框架；最后，探索儒家和当

---

① Philippe C. Schmitter, "The Ambiguous Virtues of Accountability", *Journal of Democracy*, Vol. 15, No. 4, 2004.

② Carles Boix and Milan W. Svolik, "The Foundations of Limited Authoritarian Government: Institutions, Commitment, and Power-Sharing in Dictatorships", *The Journal of Politics*, Vol. 75, No. 2, 2013; Bruce Bueno de Mesquita, et al., *The Logic of Political Survival*, Cambridge, MA: The MIT Press, 2003.

③ Mark E. Warren, "Accountability and Democracy", in M. Bovens, R. E. Goodin and T. Schillemans, eds., *The Oxford Handbook Public Accountability*, Oxford, Oxford University Press, 2014.

代西方治理体系之间可供相互借鉴之处。此外，本章希望强调的是，在儒家语境下讨论问责具有两层内涵：一方面，我们可以认识到儒家传统中对问责概念存在广泛讨论，这一观点挑战了问责制只是一个西方的或民主概念的论点，也驳斥了关于中国传统社会缺乏问责思想的看法。另一方面，作为一种知识传统和实践智慧，儒家关于政治责任的一些独到见解可经重构后应用于现代社会，其很可能比现有的问责方式更能有效地解决当代治理中存在的棘手问题。

◇◇第二节 政治问责的一般逻辑

根据马克·波文斯（Mark Bovens）的分析，问责在实践中表现为问责方与被问责方[①]之间带有对抗性的互动进程。"在这种情况下，行为者（被问责方）有义务向一个具体的对象（问责方）解释和证明他自身行为的合理性，问责方可依此提出相关问题，并决断被问责方是否需要以及如何面临后果。"[②] 根据这一逻辑，可以从以下四个维度来考察问责的一般逻辑：一是被问责方和问责方之间的关系：前者是指承担具体责任，并需要为自身行为辩护的行为体；而后者则指有权根据具体情况对被问责方做出奖励或惩罚决定的角色。实际上，

---

① 问责中关涉的行为体主要有问责方和被问责方，波文斯等部分学者用"actor"和"the forum"，或"accountee"和"accountor"来指代"问责方"和"被问责方"，参见 Mark Bovens, "Analysing and Assessing Accountability: A Conceptual Framework", *European Law Journal*, Vol. 13, 2007; Christopher Pollitt, *The Essential Public Manager*, Berkshire: Open University Press/McGraw-Hill, 2003。

② Mark Bovens, "Analysing and Assessing Accountability: A Conceptual Framework", *European Law Journal*, Vol. 13, 2007, p. 450.

被问责方的出现总是伴随着特定的问责方,因此这两个角色需要被同时审视。二是义务:即被问责方为什么需要对自身行为进行解释,这一动因既来自法律和政策层面,又来自道德层面;三是行为边界:被问责方所需要解释的行为是否存在明确的边界和属性;四是后果:在进行解释和辩护后,由问责方来判断是否对被问责方施加某种制裁或奖励。

尽管不同政体之间存在制度差异,但根据这个四维结构可以清楚地识别出"澄清责任"在具体运作进程中的内在逻辑。政治问责的一般模式主要指的是在竞争选举和"委托—代理"关系的基础上[1],通过法律制度框架来限制公权力的滥用,提升治理的可控性和有效性。而在儒家等其他类型的问责模式中,被问责方和问责方关系、义务、行为边界和后果呈现出何种内容,有待进一步展开。

一 问责关系

理论上,由于问责方和被问责方在问责过程持续互动,二者之间的关系可以从其中任何一方来开展分析。但在实践中,不论从哪一方的视角出发,都很难清晰地理解问责方和被问责方之间的具体关系。造成这一现象的原因主要在于问责方和被问责方均涵盖多元且复杂的角色,以至于很难从中找到有助于分类归纳的线索。从问责方来看,民主制度中的问责方主要包括普通公民、政党、社会组织、大众媒

---

[1] Sean Gailmard, "Accountability and Principal-Agent Theory", in M. Bovens, R. E. Goodin and T. Schillemans, eds., *The Oxford Handbook Public Accountability*, Oxford: Oxford University Press, 2014; Kaare Strøm, "Delegation and Accountability in Parliamentary Democracies", *European Journal of Political Research*, Vol. 37, No. 3, 2000.

体等在内的各类群体。其中，公民在将自身权利委托给代表方（即被问责方）后就有权对其问责，而记者则依靠自身新闻报道的专业技能来直接监督权力的使用。因此，问责方—被问责方关系包括政治、行政、社会等诸多类别。而从被问责方来看，它同样涵盖了来自不同专业背景和等级关系的行为体，既有从组织层面到个人层面的被问责方①，也有从政治层面到专业层面的被问责方②。此外，汤普森提出了公共行政中的"多手"问题，即"在一项集体行动或行政流程中，众多行为体均以某种方式对政策过程做出贡献，这导致即使在原则上也很难确定谁应该对政策后果负有道德责任"③，这给如何清晰界定被问责方造成了困难。考虑到问责方和被问责方的多元属性，很难对他们之间的关系进行清晰界定。本书的目的并不在于对这些关系进行系统性阐述，而是试图对问责方和被问责方关系做一个大致分类。基于此，本书在吉列尔莫·奥唐纳（Guillermo O'Donnell）对纵向和横向问责制进行区别的基础上，引入了波文斯提出的对角问责制，试图从横向、纵向和对角三个维度来分析一般的问责关系。

奥唐纳提出，根据问责方和被问责方之间的权力结构，问责制可以分为横向和纵向两个子类型。在这种二分法中，横向问责（horizontal accountability）描述了平等权力主体之间的问责关系，例如经典

---

① Mark Bovens, "Analysing and Assessing Accountability: A Conceptual Framework", *European Law Journal*, Vol. 13, 2007.

② Andreas Schedler, "Conceptualizing Accountability", in Larry Diamond, Marc F. Plattner and Andreas Schedler, eds., *The Self-Restraining State: Power and Accountability in New Democracies*, Boulder: Lynne Rienner Publishers, 1999.

③ Dennis F. Thompson, "Moral Responsibility of Public Officials: The Problem of Many Hands", *The American Political Science Review*, Vol. 74, 1980, p. 905.

的三权制衡体系中行政、立法和司法部门之间的相互制约关系。纵向问责（vertical accountability）则指代的是不平等权力主体之间的关系，它不仅包含科层制中由上至下的上下级互动，还包括民主选举中人民对政府（国家）自下而上的政治赋权。① 此外，波文斯提出对角问责（diagonal accountability）作为不同于横向和纵向问责的第三个维度。由于监察员、审计和其他类型的独立代理人不直接属于"委托—代理"链条上的任何一环②，且在一般情况下是作为问责方和被问责方之间的中间人出现的，这类问责很难被归入纵向或横向范畴。在绝大多数情况下，问责方和被问责方之间的关系通常都可被归入这三个维度。此外，为了防止任何一个维度的问责手段被滥用或误用，当代民主国家逐步将这三种问责关系制度化，编织了一个动态的问责网络。

二 问责义务

为什么被问责方认为有必要对问责方澄清或解释自身行为？在民主制度下，被问责方澄清自身责任的义务主要包括制度因素和道德因素。从制度上讲，民主问责制的概念是在自由主义传统和"委托—代理"逻辑中发展起来的，即政治权力来自人民（委托方，同时也是问责方），而受委托的行为者（代理方，同时也是被问责方）需要受到

---

① Guillermo A. O'Donnell, "Horizontal Accountability in New Democracies", *Journal of Democracy*, Vol. 9, No. 3, 1998.
② Mark Bovens, "Public Accoubtability", in Ewan Ferlie, Laurence E. Lynn and Christopher Pollitt, eds., *The Oxford Handbook of Public Management*, New York: Oxford University Press, 2007, p. 196.

制约。① 在这一结构下，作为代理人的被问责方受到国家法律和相关政策的制约，在制度性压力下被迫向问责方解释他做过的和将要去做的事情。换言之，被问责方对自身行为进行解释的必要性反映了问责方的正当诉求。与制度因素相比，道德因素倾向于强调被问责方的自愿行为。这种行为动机来自于个人的自我道德约束，或是前文所讨论的责任心这一美德，而非法律法规。因此，在基于道德的问责进程中，问责方与被问责方之间的关系不一定是平等的或不平等的，因为导致负责任行为的原因既可以来自个人的自我反省，也可以是受到同伴施加的道德压力。换句话说，被问责方澄清责任的政治义务主要来由明确的规则和具体的制度所规定，而道德义务则主要来自于对公正和善的伦理追求，而非僵化的规定。

制度与道德两种动机之间的张力构成了20世纪40年代"弗雷德里希—方纳"辩论（the Friedrich-Finer debate）的核心话题②，它对当代民主理论的发展起到了重要的推动作用。至今，立足于自由主义哲学的民主问责制更重视问责的政治内涵而非道德意义。因而民主政治在制度设计上主要着眼于对问责制的相关机制进行完善，而非意在培养那些道德正直的官员或政客。这种制度化倾向所造成的后果是，

---

① James D. Fearon, "Electoral Accountability and the Control of Politicians: Selecting Good Types Versus Sanctioning Poor Performance", in Adam Przeworski, Susan C. Stokes and Bernard Manin, eds., *Democracy, Accountability, and Representation*, New York: Cambridge University Press, 1999; Herman Finer, "Administrative Responsibility in Democratic Government", *Public Administration Review*, Vol. 1, 1941; Carl J. Friedrich, "Public Policy and the Nature of Administrative Responsibility", in Carl J. Friedrich and E. Mason, eds., *Public Policy*, Cambridge: Harvard University Press, 1940. Ruth W. Grant and Robert O. Keohane, "Accountability and Abuses of Power in World Politics", *American Political Science Review*, Vol. 99, No. 1, 2005.

② Mark Bovens, "Analysing and Assessing Accountability: A Conceptual Framework", *European Law Journal*, Vol. 13, 2007.

发达民主国家对政策过程的问责超过了对政策结果的问责。① 近年来，学者们逐渐注意到这个问题，并提出"我们需要增加对结果的问责，同时减少对其他类型问责的关心"②。同时，曼斯布里奇认为，虽然制度化问责模式占政治过程的主导地位，但基于权变理论的选择型问责（selection model of accountability）仍然可以补充，甚至有效替代制度化的问责和惩罚。③ 但在整体上，主流的民主问责仍然侧重于提高自身的制度力量，而非转向倡导责任心这一道德美德。

三　问责边界

在政治压力下，被问责方往往需要证明其职业行为是合理合法的，这些行为包括财务、行政和其他与职业相关的内容。个人对自身的职业行为负责是被广为接受的观点，但西方学界对个人是否需要对自身的非职业行为负责，或者说进行澄清和抗辩，却存在极大争议。

梅尔文·杜布尼克（Melvin Dubnick）讨论了问责和伦理道德之间的关系，尤其是一个人的专业角色和私人角色之间的联系，以及这些角色之间的潜在冲突。在他看来，尽管私人行为在政治问责中通常被认为是可以忽略的，但在实际上对被问责方而言可能至关重要，因

---

① Shefali V. Patil, et al., "Process Versus Outcome Accountability", in M. Bovens, R. E. Goodin and T. Schillemans, eds., *The Oxford Handbook Public Accountability*, Oxford: Oxford University Press, 2014.

② R. D. Behn, *Rethinking Democratic Accountability*, Washington, DC: Brookings Institution Press, 2001.

③ Jane Mansbridge, "A Contingency Theory of Accountability", in M. Bovens, R. E. Goodin and T. Schillemans, eds., *The Oxford Handbook Public Accountability*, Oxford, Oxford University Press, 2014; Jane Mansbridge, "A 'Selection Model' of Political Representation", *Journal of Political Philosophy*, Vol. 17, 2009.

为"工作和生活的伦理要求经常重叠甚至相互碰撞，前者会不时侵入后者的领域，反之亦然"①，这意味着问责的压力会蔓延到被问责方的私人生活中。在这种情况下，"个人在澄清自身责任时，必须不断地应对由个人不同角色碰撞所引发的伦理冲突"②。

尽管私人行为是否应该被纳入问责体系吸引了诸多关注，但问责制研究的重点仍然集中在与职业相关的行为上。因为相较于道德标准和伦理面临的争议，对个人工作绩效的评价更容易通过明确的法律法规来衡量和评价。此外，自由主义哲学要求的国家中立性给民主政体提倡国家完善论留下的空间极为有限。因此，以规制为导向的问责制度主要关注的是与职业（尤其是公职）相关的行为，这不可避免地限制了问责在伦理领域的发展。

四　问责结果

防止权力腐败是现代问责制的根本目标。这意味着问责机制的主要功能在于发现滥用权力的征兆，并将其纳入政治调查追踪流程，继而在必要的时候制定惩罚措施。③ 例如，当一个人被要求对自身行为

---

① Melvin J. Dubnick, "Accountability and Ethics: Reconsidering the Relationships", *International Journal of Organization Theory and Behavior*, Vol. 6, No. 3, 2003, p. 424.

② Melvin J. Dubnick, "Accountability and Ethics: Reconsidering the Relationships", *International Journal of Organization Theory and Behavior*, Vol. 6, No. 3, 2003, pp. 424 – 425.

③ James D. Fearon, "Electoral Accountability and the Control of Politicians: Selecting Good Types Versus Sanctioning Poor Performance", in Adam Przeworski, Susan C. Stokes and Bernard Manin, eds., *Democracy, Accountability, and Representation*, New York: Cambridge University Press, 1999; R. D. Behn, *Rethinking Democratic Accountability*, Washington, D. C.: Brookings Institution Press, 2001; Jane Mansbridge, "A Contingency Theory of Accountability", in M. Bovens, R. E. Goodin and T. Schillemans, eds., *The Oxford Handbook Public Accountability*, Oxford, Oxford University Press, 2014.

进行解释和辩护时，他往往会面临惩罚，因为需要进行澄清的行为只会是不当行为。正如贝恩所说："当他们做了好事时，什么也没有发生。但是当他们搞砸时，所有的坏事都可能出现。想要追究责任的人都清楚地了解问责的含义：问责意味着惩罚。"[1]

实施惩罚是问责制的基本构成要素[2]，这在很大程度上迫使被问责方做到循规蹈矩、遵纪守法。在政治实践中，选举可被视为问责（甚至是惩罚）的一个主要手段，落选即意味着不被选民所信任，可被看作一种惩罚。[3] 此外，内部或独立调查、监管机构和其他社会团体都可以为问责机制服务。值得注意的是，为确保问责制的运作，所有这些机制的制度化程度都相对较高。基于"委托—代理"模型，问责在本质上侧重于惩罚而不是奖励。惩罚的形式包括落选、被迫辞职、行政降级，甚至是法律制裁。

综上所述，政治问责的一般逻辑倾向于在问责方和被问责方之间建立一套平衡的关系网络，通过高度制度化的手段，来迫使被问责方对自身职业行为进行解释，并在必要的时候对失职失责行为加以惩罚。然而，规章制度在对私人行为进行问责时所发挥的效用极为有

---

[1] R. D. Behn, *Rethinking Democratic Accountability*, Washington, D. C.: Brookings Institution Press, 2001, p. 3.

[2] Mark Bovens, "Analysing and Assessing Accountability: A Conceptual Framework", *European Law Journal*, Vol. 13, 2007; Richard Mulgan, *Holding Power to Account: Accountability in Modern Democracies*, Houndmills: Palgrave Macmillan, 2003.

[3] Robert J. Barro, "The Control of Politicians: An Economic Model", *Public Choice*, Vol. 14, No. 1, 1973; John Ferejohn, "Incumbent Performance and Electoral Control", *Public Choice*, Vol. 50, No. 1, 1986; Bernard Manin, *The Principles of Representative Government*, Cambridge: Cambridge University Press, 1997; Adam Przeworski, et al., "Election and Representation", in Adam Przeworski, Susan C. Stokes and Bernard Manin, eds., *Democracy, Accountability, and Representation*, Cambridge: Cambridge University Press, 1999.

限，这也是政治问责的一般模式在未来发展进程中所需要重点解决的理论问题。

◇第三节 政治问责的儒家逻辑

从第三章对儒家代表模式的讨论可以看到，在儒家社会，为政者需要负责的直接对象是天，因为他们的权力来自天命。但儒家思想（尤其是孟子学说）的独特之处在于，它同时也强调人民，尤其是民众福祉在政治中的实质性作用。在孟子看来，君主受命于天，而天命的终极关怀在于世俗民众福祉，因此民众福祉是政治合法性的基础。根据这一逻辑，人民享有追究统治者责任的权利。但在具体的问责进程中，天、君、臣、民等主体均扮演了重要角色。本节通过问责的四维结构解释了儒家问责的内在理路，认为在儒家问责中发挥关键作用的是美德和伦理规范，而不是权利、法律和制度。

一 问责关系

在儒家责任伦理来看，个人对自身行为负责的核心动力在于责任心这一美德，比如教师培育学生的师德就属于这一范畴。然而，与一般问责的逻辑不同，儒家社会的政治权力结构从根本上是纵向分布且不可分割的。从这个意义上说，纵向分布意味着在儒家中，问责方和被问责方之间的权力关系是由上至下传导的，与科层制类似；而权力的不可分割性意味着儒家并未明确提出通过权力来制约权力的观念。但在具体政治实践中，儒家仍然从横向、纵向和对角三个维度构建了问责的基本关系网络。

(一) 纵向问责

《论语》和《孟子》等儒家经典所讨论的国家政治权力结构基本是自上而下的等级制。正如杜维明所指出的，儒家政治伦理主要讨论的就是君主制下统治者与被统治者之间不平衡的政治关系。[1] 本节使用两类论据来厘清儒家的等级权力结构：一是孟子对"天命"和"民本"的论述；二是关于《孟子》中进谏和抗争权的争论。二者涉及儒家问责中自上而下与自下而上的两组权力关系，前者解释了为什么儒家思想中本身就蕴含问责观念，而后者则说明了儒家的问责是如何实现的。

在孟子看来，天是政治合法性的根源。统治者受命于天，他的权力来自于对天命的遵从。天虽然不能感知和评价统治者的表现，但它仍然可以通过人民间接地影响政治进程，因为"天视自我民视，天听自我民听"。民众的福祉是天命在现实政治中的反映[2]，这个想法可以从孟子的以下言论中追溯到：

> 天子能荐人于天，不能使天与之天下；诸侯能荐人于天子，不能使天子与之诸侯；大夫能荐人于诸侯，不能使诸侯与之大夫。昔者尧荐舜于天而天受之，暴之于民而民受之，故曰：天不言，以行与事示之而已矣……天与贤，则与贤；天与子，则与子。昔者舜荐禹于天，十有七年，舜崩。三年之丧毕，禹避舜之

---

[1] Wei Ming Tu, *Confucian Ethics Today: The Singapore Challenge*, Singapore: Curriculum Development Institute of Singapore, 1984, p. 90.

[2] 这一论点在前两章关于儒家代表的讨论中已经进行了分析。

子于阳城。天下之民从之,若尧崩之后,不从尧之子而从舜也。①

民为贵,社稷次之,君为轻。②

桀纣之失天下也,失其民也;失其民者,失其心也。得天下有道:得其民,斯得天下矣;得其民有道:得其心,斯得民矣;得其心有道:所欲与之聚之,所恶勿施尔也。民之归仁也,犹水之就下、兽之走圹也。③

在这些经典论述中,孟子表明天命可以通过人民的福祉和其他自然现象表现出来。上天对统治者的接受,是通过人民对他的接受,以及顺利践行礼仪④等形式来表达的。在这个过程中,人民在政治权威的合法化进程中扮演关键角色。因此,如果君子良善仁慈、品德端正、能够为人民提供满意的物质甚至精神福祉,他就会被赋予政治合法性。儒家的问责理念正是构建于这一逻辑之上,即统治者应为自己的治理表现(天命、百姓福祉)负责。若不然,统治者可能会因其专横与失职失责行为而失去天命,进而受到惩罚。

早期儒家提出了两种相关但截然不同的方法来追究统治者的责任:一种是对统治者的错误行为进谏;另一种是推翻暴君。正如孟子所特别指出的,对于"贵戚之卿"而言,"君有大过则谏,反覆之而不听,则易位"。而对于"异姓之卿","君有过则谏,反覆之而不

---

① 《孟子·万章上》。
② 《孟子·尽心下》。
③ 《孟子·离娄上》。
④ 这里指的是君主在执行祭祀和其他类型礼仪期间不会发生异常的事情。

听，则去"①。

在儒家看来，君臣之间虽然在权力结构上是自上而下的，但二者的问责关系却是双向的。在自上而下的维度看，君臣均处于官僚体系中，统治者（问责方）可以对官员（被问责方）的行为进行问责。但从自下而上的维度看，富有功绩的贤德官员或士大夫会在道德层面主动担任问责义务，抗议不公正的政策，并向君主问责。在儒家尚贤伦理看来，儒家君子的政治能力和道德美德使他们能够主张自身拥有理解超验天命的资格，这打破了统治者对政治合法性的垄断。因此，尽管官员在政治地位上处于弱势地位，但在道德层面，士大夫与君主是平等的。士大夫的道德自主性促使他们以天命或百姓福祉为己任，并据此抗议不合理的政策，甚至反抗统治者。换句话说，士大夫的道德修养和对道的遵循要求他们遵循自身所认可的正确行为，而不是统治者的政令。与自上而下的行政问责相比，自下而上的进谏与抗争是儒家问责的鲜明特征。

然而，与掌握一定政治权力的官员群体相比，儒家并没有明确授予人民抗议和反抗的权利。② 在部分学者看来，儒家中并不存在大众抗争思想，人民在古代社会基本没有任何实质性的权力，更不用说追究统治者的责任。③ 按照孟子的解释，"无恒产而有恒心者，惟士为

---

① 《孟子·万章下》。

② Stephen C. Angle, *Contemporary Confucian Political Philosophy*, Cambridge: Polity Press, 2012, pp. 39 – 41; Sungmoon Kim, "Confucian Constitutionalism: Mencius and Xunzi on Virtue, Ritual, and Royal Transmission", *The Review of Politics*, Vol. 73, No. 3, 2011; Justin Tiwald, "A Right of Rebellion in the Mengzi?", *Dao*, Vol. 7, No. 3, 2008.

③ Julia Ching, *Mysticism and Kingship in China: The Heart of Chinese Wisdom*, Cambridge: Cambridge University Press, 1997, pp. 257 – 263.

能。若民，则无恒产，因无恒心"①。缺乏持续生计的基本手段导致民众缺乏道德修养和从事政治事务的恒心，因而他们需要受到照顾，即"劳心者治人，劳力者治于人；治于人者食人，治人者食于人：天下之通义也"②。换句话说，民众的角色是充当衡量和指示天命（政治合法性）的"温度计"③ 或"晴雨表"。尽管如此，狄百瑞仍然富有洞见地指出，当所有反对暴政的合理手段都失败时，人民就可以行使反抗权来作为逼不得已的最后手段（last resort）。④

从人民的视角出发，问责方与被问责方的关系最终仍然处于等级结构中。儒家政治合法性由天直接赋予统治者，士大夫在这个过程中很难积极介入，只能事后问责，而人民在这个过程中只具有指示性功能。尽管天对政权合法性拥有最终解释权，但儒家统治者仍然在世俗层面垄断了家长式权威，这意味着所有可能问责于统治者的权力都来自君权本身。由于士大夫的政治权力来自君主授权，他们在大部分情况下缺乏足够的政治资源来制衡暴政，更不用说惩罚他们的君主。⑤这种等级权力结构决定了统治者最终只向天命负责，但他们也可能基于道德责任向官员和人民负责。换言之，在儒家等级权力结构中，统

---

① 《孟子·梁惠王上》。

② 《孟子·公孙丑上》。

③ Stephen C. Angle, *Contemporary Confucian Political Philosophy*, Cambridge: Polity Press, 2012, p. 40.

④ William Theodore De Bary, "Introduction", in William Theodore De Bary and Wei Ming Tu, eds., Confucianism and Human Rights, New York: Columbia University Press, 1998, p. 8; Sungmoon Kim, "Confucianism, Moral Equality, and Human Rights: A Mencian Perspective", *American Journal of Economics and Sociology*, Vol. 74, No. 1, 2015, pp. 169–71.

⑤ 君权与相权之间的相互制衡被看作能够问责于君主的最有效形式，后续章节会对这一问题进行讨论。

治者位于权力金字塔的顶端；士大夫在权力等级的中部运作；而人民处于这一结构的底层，且未被赋予充足的话语权。

但从最为进步的儒家民本思想和最积极主动介入政治的士大夫群体来看，儒家的等级权力结构并不必然导致专制。在政治实践中，尽管儒家问责的理念受到等级制的制约，但士大夫群体以民本和天命为由，仍然可能对君主自下而上进行问责，尽管这一进程难度较高且并非儒家政治的常态。

(二) 横向问责

在等级权力结构之外，儒家政治伦理对大一统的强调使得政治权威具有不可分割性，这在现实中反映为缺乏权力之间的相互制衡。基于对周代礼崩乐坏的反思，儒家的主要任务就在于重建政治秩序，恢复社会繁荣与和谐，促使为政者为民众提供必要的物质和精神福祉。基于历史和现实条件，儒家在国家治理中并未明确提出权力制衡理念，官僚体系的行政权衍生自君权，并主要对君权负责。

即便如此，大一统的权力观仍然构建了一种特殊的问责逻辑，这一问责方式依赖于为政者的自我约束以及责任心。从儒家角色伦理来看，儒家通过"仁""礼"学说为每个社会角色提供行为指导，要求他们按照自身角色规范行事，最终实现重建和平、统一、有序社会的理想。具体来说，儒家的"正名"理念就在于理顺政治角色与责任之间的关系，是儒家问责的重要表现形式。例如，齐景公问政于孔子，孔子对曰："君君，臣臣，父父，子子。"[①]"正名就是在帮助人们培养对仁和礼的理解，促使他们按照社会共享的一套基于不同角色的行

---

① 《论语·颜渊》。

为规范去行事,名(角色)的伦理意义是推动社会和谐的关键一环。"①

孔子进一步强调了正名的政治意涵:

> 子路曰:"卫君待子而为政,子将奚先?"子曰:"必也正名乎!"子路曰:"有是哉,子之迂也!奚其正?"子曰:"野哉由也!君子于其所不知,盖阙如也。名不正,则言不顺;言不顺,则事不成;事不成,则礼乐不兴;礼乐不兴,则刑罚不中;刑罚不中,则民无所措手足。故君子名之必可言也,言之必可行也。君子于其言,无所苟而已矣。"②

正名旨在维持一个有序且等级森严的社会秩序。在这个社会中,每个人都扮演着一系列的角色,每个角色都蕴含着相应的行为规范。正名的基本内涵在于每个人按照其角色所指示的规范行事。这意味着一旦君主没有表现出他所应具备的某些美德,如仁慈或智慧,他就可能会因为无法满足预期的道德标准而被追责。尽管正名与自由主义的道德自主概念相矛盾,但它仍然为儒家问责提供了一种替代方案。

此外,在国家治理的视角之外,儒家学说还蕴含一种能够超越国内权力制衡逻辑的,以正义战争为载体的横向问责机制。正如奥唐纳所说,平等的主体(各国的君主)之间存在进行横向问责的可能。对于一个国家的君主而言,与其唯一平等的行为体是另一个国家的统治者。由于提升人民福祉的天命在儒家看来是所有国家共享的普遍道德

---

① Joseph Chan, "Confucian Attitudes toward Ethical Pluralism", in Daniel A. Bell, eds., *Confucian Political Ethics*, Princeton: Princeton University Press, 2010, p.119.
② 《论语·子路》。

原则，君主可以被与其地位相同的他国君主进行问责，而这个问责形式往往表现为正义的战争。① 如果一个国家的现任统治者邪恶到无可救药，而他的王公大臣们未能追究他的责任，那么另一个国家的仁慈统治者就有理由推翻并取代他的地位，这是可以理解的。② 然而，由于孟子对正义战争在实践中是否存在持高度怀疑的态度，"《春秋》无义战。彼善于此，则有之矣。征者上伐下也，敌国不相征也"③，正义战争所隐含的横向问责方式就只存在于理论上。孟子认为，受天命委任的仁君是唯一合法的反抗暴政的主体，但统治者在实践中很难对他的同僚进行问责，因为他们"彼善于此"，在他目力所及的范畴中并不存在一个完全符合儒家要求的真正"仁君"。因此，即使是在当时已展现出很强批判性的孟子，也认为正义的战争从未发生过。换句话说，由于孟子严格要求由绝对仁义的君主或"天吏"来对某一国君主进行问责，这一问责方式就仅仅存在理论上的可能性。

此外，孟子提出的"贵戚之卿……君有大过则谏，反覆之而不听，则易位"④ 的观点与正义战争类似。之所以孟子认为贵戚之卿可以推翻君主，其原因在于贵戚之卿虽在权力上弱于君主，但其在治理自身领地上积累了一定的政治经验，不至于在取代现任君主后因为缺乏治理经验而引发社会混乱，因而可被视作替代失职失责君主的选项。但仅从这一观点来看，贵戚之卿与仁君、天吏一样，都只是能够

---

① Luke Glanville, "Retaining the Mandate of Heaven: Sovereign Accountability in Ancient China", *Millennium-Journal of International Studies*, Vol. 39, 2010.

② Daniel A. Bell, "Just War and Confucianism: Implications for the Contemporary World", in Daniel A. Bell, eds., *Confucian Political Ethics*, Princeton: Princeton University Press, 2008.

③ 《孟子·尽心下》。

④ 《孟子·万章下》。

问责于昏君暴君的理论选项，不具有现实操作性。

（三）对角问责

根据波文斯的定义，对角问责强调问责方相对于被问责方在权力上的独立性，儒家社会的士大夫在道德层面的相对独立性可被视作对角问责的一个主要案例。例如，既有研究认为，监察谏议机构在朝鲜历史上是一种独立的（主要是行政意义上的）问责机制，在结合了纵向和横向问责特征的基础上，其作为一种混合问责机构发挥作用。[①] 但监察谏议机构从属于行政官僚体系，经常受到政治权威的操纵。从政治维度来看，谏官显然是无法独立于君权的。但在道德维度，谏官却能够做到相对独立，并在问责君主方面发挥一定的作用。这么来看，谏官所提供的是一种对角问责，而非横向或纵向问责。中国历史上也存在类似案例。例如，君权和相权之间往往存在一种紧张的双向责任关系。积极投身政治，不断试图制衡君主对政治权力垄断的贤能君子或士大夫，构成了儒家对角问责的基础。一方面，他们的道德正直和自律使他们至少在道德上独立于君权权威；另一方面，他们的政治能力和经验使他们能够比普通人更好地选择和判断问责于君的方式。道德自主性驱使士大夫从相对独立和专业的角度来评判政治。因此，功绩卓越的士大夫群体赋予了儒家社会一定程度的独立问责。

总之，尽管儒家学说主张大一统权威，但其对天命和民本的强调使君主权力受到多方制约。在儒家问责关系中，德才兼备的士大夫成为沟通天、君、民三方的重要中介，他们的功绩成为儒家问责得以运

[①] Jongryn Mo, "The Challenge of Accountability: Implications of the Censorate", in D. A. Bell and Hahm Chaibong, eds., *Confucianism for the Modern World*, New York: Cambridge University Pres, 2003.

转的重要动力。

二　问责义务

"弗雷德里希—方纳"之辩的核心议题是，当一个人被迫对其行为负责时通常出于两方面原因：要么是制度的，要么是道德的。在儒家语境下，为政者对自身行为负责的动机也同样存在两个来源：一是来自儒家政治合法性的结构压力，二是来自他内心的道德律令。

鉴于儒家伦理对大一统政治权力的偏好，对君主进行问责的权力既来自于君权，又明显弱于君权。因此在儒家伦理看来，政治制度对君主的制约尽管存在，但是约束力较弱。在实践中，行政官僚体系始终是约束君权的核心机构。例如，东周以礼为基础的文官制度可被视为一种早期的谏官制度。掌握文学修辞技巧的文官群体能够从传统文本和历史实践中汲取治理经验，并建议君主在治国理政时遵循历史经验或至少避免类似问题。[1] 这一群体在后朝逐渐发展出了专门审查和制衡政治权力的监察谏议机构。[2] 其他具有相似功能的问责机制，如史官制度、礼制和祖宗之法[3]等，都对现任君主起到了一定的限制作用。但是，由于这些制度要么源自高度集中的君权，要么与君权存在

---

[1] David Schaberg, "Remonstrance in Eastern Zhou Historiography", *Early China*, Vol. 22, 1997.

[2] Jongryn Mo, "The Challenge of Accountability: Implications of the Censorate", in D. A. Bell and Hahm Chaibong, eds., *Confucianism for the Modern World*, New York: Cambridge University Pres, 2003; Baogang He, "Deliberative Culture and Politics: The Persistence of Authoritarian Deliberation in China", *Political Theory*, Vol. 42, 2014, pp. 68–69.

[3] 邓小南：《祖宗之法：北宋前期政治述略》，生活·读书·新知三联书店 2006 年版。

千丝万缕的联系，它们至多可被视为对君主权力的准制度制衡。换句话说，儒家的问责机制缺乏威慑或制裁昏君暴君的制度抓手，这就能解释为什么儒家学者主要试图通过在道德上说服君主来对自身行为负责，而不是使用制度约束来追究他们的责任。

由于在问责制度建设上面临困境，儒家主要依靠培养责任心美德和制造道德压力来提升政治责任，促使政府制定合理的政策。在孔子看来，德治而非法治是儒家政治的终极理想形态。与制度保障相比，援引统治者的道德意识是实现善治和责任政治的一种更受欢迎的方式。如孔子说，"为政以德，譬如北辰，居其所而众星共之"①。此外，在儒家看来，理想的社会应该是"道之以政，齐之以刑，民免而无耻；道之以德，齐之以礼，有耻且格"②。因而对希望实现儒家想要的那种好的政治生活而言，通过制度来约束为政者的方式反而可能是一个拖累。孔子的"听讼，吾犹人也，必也使无讼乎"③ 表明，一个和谐理想的社会是无讼的，律法的存在不仅无法抑制矛盾的发生，还可能会激发矛盾，有损社会和谐。

道德责任是儒家问责制的主要资源。孔子强调自省是培养责任心美德的重要方式："已矣乎！吾未见能见其过而内自讼者也。"④ 从这个角度看，君主需遵从自身的道德律令，因为他们不仅受天命的托付，以促进人民的福祉为己任，而且其作为道德主体，也需要对自己的行为负责。这里存在一种"自我负责"模式，在自我问责中，一个具有责任心和道德正直的人可以在没有任何外部压力的情况下反思自

---

① 《论语·为政》。
② 《论语·为政》。
③ 《论语·颜渊》。
④ 《论语·公冶长》。

己的错误，并予以纠正。[1]

儒家为了唤起统治者的道德意识，并未将道德原则和政治规则区分开来，而是选择了将二者紧密地结合在一起。儒家为社会提供一套普遍公认的道德规范，包括仁、义、礼、智、信和其他与角色相关的美德。同时，儒家还将被问责方的道德品质作为判断其是否在政治上胜任职位的基础。因此，统治者要上承天命，就必须遵循儒家的道德规范，努力提升自身道德修养。如果他们在道德上失去人民的支持，那么他们也就在很大程度上失去了作为统治者的合法性基础。由于儒家问责机制在很大程度上缺乏平衡的制度和权力基础[2]，对君主的进谏往往依赖于谏官和其他臣子的道德勇气。整体来看，儒家问责主要依靠被问责方自身的道德意识，以及整个社会对其施加的道德压力。这使儒家问责成为一种道德问责。换句话说，"评价官僚行为可接受性的最终标准是道德规范，评价标准是真诚、忠诚和可靠等美德，所有这些都比行政效率和有效性更重要"[3]。

儒家在很大程度上依赖问责方的道德意识和政治共同体的总体道德水平来要求统治者对其行为负责。儒家社会中的最具代表性的问责方仍然是儒家士大夫，或曰君子。尽管深受不对称权力结构的制约，儒家士大夫的谏言也可能不会对君主的行为造成很大影响，但信念笃定的士大夫会致力于持续劝谏，以实现其目标。在极端情况下，他们甚至冒生命危险去抗议昏君暴政，以维护自己作为士人的声誉。历史

---

[1] Kwang Sae Lee, "Some Confucianist Reflections on the Concept of Autonomous Individual", *Journal of Chinese Philosophy*, Vol. 21, 1994, p. 57.

[2] Sungmoon Kim, *Confucian Democracy in East Asia: Theory and Practice*, Cambridge: Cambridge University Press, 2014.

[3] Cheng F. Zhang, "Public Administration in China", in Miriam K. Mills and Stuart S. Nagel, eds., *Public Administration in China*, Westpoint: Greenwood Pub Group, 1993, p. 7.

证据表明，士大夫集团为了维护自己的正直名声，不屈不挠对君主施加道德压力，捍卫了人民的福祉和国家的普遍利益。

"徒善不足以为政，徒法不能以自行。"① 儒家问责建立在制度和道德力量的混合动力之上。但是，鉴于谏官制度的主要目的是向被问责方施加外在的道德压力，而正名的原则主要是通过援引被问责方的内在道德意识来使其负责任，儒家问责的最终动机依然是道德。

三 问责边界

与道德责任的讨论高度相关，儒家在责任行为的边界上展开了大量论述。对一般问责机制而言，尽管存在溢出效应和公私领域相互渗透，工作领域的责任和私人领域的责任之间仍然存在较为清晰的界限。但对儒家问责而言，鉴于儒家并未将政治与伦理道德进行区分，甚至倾向于将二者结合起来，因而在儒家看来，公共领域和私人领域之间并不存在明显界限。正如陈祖为所言，"与自由主义的社会和政治观念不同，儒家认为公共道德和私人道德之间并不存在明显的边界。礼同时支配着政治、社会、家庭关系，而后者是所有其他关系的最根本的基础。社会和政治在一个理想下紧密结合在一起"②。

此外，《大学》和《孟子》都谈到了公私关系：

> 古之欲明明德于天下者，先治其国；欲治其国者，先齐其

---

① 《孟子·离娄上》。

② Joseph Chan, "Confucian Attitudes toward Ethical Pluralism", in Daniel A. Bell, eds., *Confucian Political Ethics*, Princeton: Princeton University Press, 2010, p. 120.

家；欲齐其家者，先修其身；欲修其身者，先正其心；欲正其心者，先诚其意；欲诚其意者，先致其知，致知在格物。物格而后知至，知至而后意诚，意诚而后心正，心正而后身修，身修而后家齐，家齐而后国治，国治而后天下平。①

人有恒言，皆曰"天下国家"。天下之本在国，国之本在家，家之本在身。②

这说明，持之以恒的道德修养和伦理反思等美德是成为一名合格的家庭成员、公民，最终成为为政者的基石。这个过程的每个阶段都紧密相连，任何一个阶段都不能被忽视。除了这个逻辑链条之外，公私关系在中国社会始终是一组相对的概念。如费孝通认为，私和公是两个相对且相互联系的概念，它们在不同情况下可能指代同一个对象。③ 例如，宗族在大多数场合是一个非公共的概念，但一旦与单个家庭和个人进行对比，它就具有公共内涵。

对于想要获得道德声望的人而言，儒家认为道德从私人生活到公共领域的外推是必要且不可避免的，因为公共与私人之间并不存在明显界限。这一观点凸显了人的社会嵌入性，与当代社群主义存在一定的相似性，并且在本质上与政治自由主义存在冲突。在此基础上，儒家对道德责任的考量不仅同时包含了公德和私德，而且注重二者的一

---

① 《大学》。
② 《孟子·离娄上》。
③ Xiaotong Fei, et al., *From the Soil, the Foundations of Chinese Society: A Translation of Fei Xiaotong's Xiangtu Zhongguo*, with an Introduction and Epilogue, Berkeley: University of California Press, 1992.

致性。更准确地说，个人的公共行为与其私人生活高度相关，这突出了儒家将个人私人行为纳入政治责任范畴的观点。

早期儒家反复强调君臣关系是父子关系的扩展，孝道作为一种道德义务，驱使君主如父母照拂子女一般照顾百姓的福祉，并将自己的喜好置于人民的喜好之后。① 儒家政治实践中公私德兼容的一个典型案例是举孝廉制度。孝在儒家看来是一种重要的美德，但在举孝廉制度之下，孝就不仅是一种个人情操，而是一种社会美德，具有明显的溢出和示范效应。从这个维度看，是否孝敬父母是判断一个人道德水准的重要指标。当然，将公私领域打通也必然造成角色冲突的伦理困境。在儒家经典文本中，"亲亲相隐"就是如何合理处理公私德矛盾这一伦理困境的代表性问题。孔子所言的"父为子隐，子为父隐，直在其中矣"②和孟子的"舜视弃天下，犹弃敝蹝也。窃负而逃，遵海滨而处，终身欣然，乐而忘天下"③引发了激烈争论。支持"亲亲相隐"的认为应该以孝为重，重于政治；但反对者则认为为政者的事业与人民的福祉高度相关，舜窃负而逃不仅漠视法律，还是对自己和人民不负责任。④ 暂且不论"亲亲相隐"的是非对错，这一案例所展现出的公私德矛盾凸显了儒家问责的道德属性。

---

① Philip J. Ivanhoe, "Filial Piety as a Virtue", in Rebecca L. Walker and P. J. Ivanhoe, eds., *Working Virtue: Virtue Ethics and Contemporary Moral Problems*, Oxford: Oxford University Press, 2007.
② 《论语·子路》。
③ 《孟子·尽心上》。
④ 学界对"亲亲相隐"问题进行了大量论述，本章所试图讨论的是公私领域之间的关联性，而非对"亲亲相隐"这一问题的实质进行判断。关于"亲亲相隐"问题的讨论，参见郭齐勇《儒家伦理争鸣集——以"亲亲相隐"为中心》，湖北教育出版社2004年版。

四 问责结果

一般问责模式意在监督公权力的使用，主要侧重于对被问责方实施实质性惩罚，以起到震慑作用。相比之下，儒家的问责模式依靠整个社会所普遍接受的共同行为准则，尤其培养统治者的责任心美德来提升治理的有效性。然而，以道德为导向的问责制无需将惩罚视为问责的主要目的和手段。在儒家社会中，由于为政者澄清自身行为并主动担负责任出自其道德动机，因而他所可能面临的主要后果并非法律的或行政上的惩罚，而是来自道德领域的指责、内疚和不被认可等。正如萨拉·乔丹（Sara Jordan）得出的类似结论，促使为政者对自己行为负责的动力可能来自一种让他人失望或蒙羞的耻感，而非对惩罚违规行为的担忧。[1]

儒家问责的历史也表明，被问责方可能面临的后果大多表现为软性和象征性的惩罚。与其说被问责方会受到法律上的实质性制裁，甚至是残酷的革命，不如说是对被问责方声誉的破坏或被其他社群成员孤立，这些后果对儒家社会中的为政者造成的伤害也许更大。尽管革命可以作为追究君权责任的最后手段，但它并不能作为一种规范性的权力，更无法被用来塑造一个负责任的政府。相较于一般问责制通常依赖于强制性的监督和惩罚，儒家问责制惩罚不当行为的能力有限，进而缺乏相应的威慑力。这一缺陷的重要根源在于儒家对大一统权力观的偏好，即对集体福利的推崇超过对个人权利的重视。

---

[1] Sara R. Jordan, "Accountability in Two Non-Western Contexts", in M. J. Dubnick and H. G. Frederickson, eds., *Accountable Governance: Problems and Promises*, New York: M. E. Sharpe, 2010, p.246.

与以惩罚为导向的问责制相比，以道德为基础的儒家问责对问责的结果给出了截然不同的解释。儒家依靠道德判断来决定是否追究统治者和执政者的责任，因此儒家对自身所处的共同体中的各类行为和道德规范均进行了较为详尽的阐述，并通过大量的历史案例甚至是故事传说来对这些道德进行具象化的展示。在此进程中，儒家通过"讲故事"的方法为共同体提供了生动的道德话语。通过这些道德话语，社群成员可以培养美德，理解美德对于社群而言的重要性，并随着时间的推移使这些美德内化为社群成员的行为规范。换句话说，儒家提倡责任的正面效应和负面影响，利用道德动机和美德触发的情感让政府负责。一旦这些美德扎根于人们内心，就最终会促进整个社会道德水平的提升，进而促成理想的问责进程和结果。儒家对问责所可能产生的积极效用的重视是其区别于一般问责理念的独特性所在。

综上所述，儒家问责主要依赖为政者的道德动机，而非制度设计，来确保政策结果是可问责的。儒家政治问责模式更看重政策结果，而非问责进程，这体现了儒家政治思想固有的目的论特征。同时，儒家问责强调公共生活和私人生活之间的行为一致性，被问责方在私人领域的错误行为可以被视为让他在公共领域承担责任的理由。此外，问责的后果可能是积极的奖励，也可能是惩罚。一旦被问责方面临惩罚，那么他所首要面临的将是在道德层面的批评，而非在政治层面受到惩罚。

◇第四节　比较视野下的儒家问责

在儒家视域中，一个好的政治共同体是一种道德共同体，成员通过群体共享的伦理规范联系在一起,展现出一种君民亲爱、同感共情的主体间性。这个"政治—道德"共同体得以有效运转的基石是为政者"仁政爱民"的责任心,而不是以契约形式规定的权利和责任。鉴于问责结构可以通过一般问责逻辑的分析方法来检验,儒家问责与一般问责机制之间的异同也可以根据这一分析框架做进一步比较。

一 问责关系

如上所述,一般的问责模式,尤其是民主问责模式包括基于"委托—代理"关系以及权力分立的问责方与被问责方之间的横向、纵向和对角三种问责关系。相比之下,儒家问责是一种自上而下的"逆向"问责形式,对为政者进行问责的主要动力来自道德层面对天命和民生的承诺。同时,儒家也非常依赖君子的积极政治作用以代表人民的利益,制衡君权。因此,可以从纵向、横向和对角这三个层面对一般问责机制和儒家问责机制之间的结构差异进行比较。

首先,一般问责制和儒家问责制都严重依赖纵向问责制。由于非国家行为体永远无法与国家对合法暴力的垄断或其作为法律渊源的特权地位相提并论[1],因此,问责方与被问责方之间的权力不对称是一个结构性特征。基于"委托—代理"模式进行授权,一般的问责机制包含自上而下和自下而上两种模式。[2] 前者的典型例子是官僚问责制,

---

[1] Andreas Schedler, "Conceptualizing Accountability", in Larry Diamond, Marc F. Plattner and Andreas Schedler, eds., *The Self-Restraining State: Power and Accountability in New Democracies*, Boulder: Lynne Rienner Publishers, 1999, p.25.

[2] Sean Gailmard, "Accountability and Principal - Agent Theory", in M. Bovens, R. E. Goodin and T. Schillemans, eds., *The Oxford Handbook Public Accountability*, Oxford: Oxford University Press, 2014.

上级官员（委托人）根据官僚结构对下属（代理人）问责。同样，定期选举是自下而上问责制的主要形式。儒家问责制也包括这两种问责模式。类似于民主国家的行政机构，帝国官僚机构几乎包含各种自上而下的垂直问责制。然而，儒家自下而上的问责形式在许多方面与民主政治截然不同。由于儒家并未提出一套权利理论，最基层的问责方（人民）几乎没有任何政治权利来追究统治者和官员的责任。早期儒家意识到了这一不足，并依赖君子群体的道德权力来制衡不受约束的君权。相较于基于"委托—代理"关系的问责，儒家士大夫以道德勇气、美德和高尚情操来谏言于君主。尽管存在相关的制度安排，但他们在事实上缺乏惩罚失职失责君王的权力，这使他们在追究统治者责任方面的努力往往并不能得偿所愿，虽非全然无效。此外，在不同朝代，进谏的成功率均有所不同[1]，这揭示了自下而上问责制的模糊性和不确定性。

其次，对角问责制在两类政体中都发挥着至关重要的作用。传统上，由于问责机构的独立性，对角问责是横向问责中的一个要素。然而，波文斯将对角问责作为独立于横向与纵向的问责方—被问责方关系的第三个维度，是因为在此类问责中，问责方往往缺乏强制被问责方遵守相应义务的权力。[2] 在民主国家，作为问责方和被问责方之间的中介，独立问责机构（审计、监察员和特别检查员）通常不拥有制裁违法违纪行为的正式权力。他们的功效在于为强大的问责方提出针

---

[1] Baogang He, "Deliberative Culture and Politics: The Persistence of Authoritarian Deliberation in China", *Political Theory*, Vol. 42, 2014, p. 69.
[2] Mark Bovens, "Public Accoubtability", in Ewan Ferlie, Laurence E. Lynn and Christopher Pollitt, eds., *The Oxford Handbook of Public Management*, New York: Oxford University Press, 2007.

对被问责方的实质性证据,并监督问责方做出最终的公正判断。类似的,儒家的问责制也依赖于御史台等相关独立机构来制衡不受约束的权力。从历史上看,这些相对独立机构中的部分职位由道德自主性和政治能力高于平均水平的贤能之士担任。但在实践中,谏官的监督权依旧来自君权,他们除了不断地劝说统治者之外,几乎无法对统治者实施任何强制措施。因此,与民主政治中的对角问责机构相比,儒家君子在个人、道德和精神上可能是独立的,但他们缺乏事实上的权力使他们在追究统治者的责任方面效率较低。

最后,也是最明显的,作为民主问责基本组成部分的横向问责仅在理论上存在于儒家思想中。横向问责的前提是权力分立和制衡,这与洛克、孟德斯鸠和美国国父的自由主义传统产生共鸣。横向问责不仅可以制约权力,还间接保证了其他两个维度问责的有效性。从这个角度来看,横向问责的孱弱使得儒家问责制在结构上弱于民主问责。

二 问责义务

民主问责表现为公民对公职人员权力进行监督和制约。在一套根深蒂固的法律、政策和相关法规中,问责制似乎存在于民主社会的每个角落。尽管制度化的问责制反映了现代西方政治的理性主义传统,但仅靠严格的规则可能不足以督促公职人员去履行其道德义务。例如,曼斯布里奇创造了"自主型问责"(gyroscopic accountability)这一概念来解释代表只对他们自己的信仰和原则负责,而不是对传统意义上的选民负责。[1] 这种思想与儒家问责中对自我负责的思想存在相

---

[1] Jane Mansbridge, "Rethinking Representation", *American Political Science Review*, Vol. 97, 2003, p. 520.

似性。

与基于权利的一般问责制度相反,儒家问责机制主要由道德触发。儒家责任的运转依赖于责任心这一道德美德,而不是基于权利的强制要求。更具体地说,它最终取决于统治者及其官僚机构对公共事务的关心,是否将人民的福祉放置在政治议程的首要位置。例如,在儒家问责链条中,由于统治者拥有最终的制裁权,一般民众和官员几乎很难通过谏言来追究一个昏君甚至是暴君的责任。根据"正名"思想,对自身行为负责的道德意识由两个动机组成:一个是自律,它以人们理解和遵守社群共享的道德规则的能力和意愿为前提。另一个表现为受到他人不断强加的道德压力,如果被问责方未能遵守其政治角色所要求的伦理规范,他们将因自身的不正当行为而面临一定后果。

三 问责边界

在一般问责模式中,与职务相关的行为是公职人员所需要接受问责的主要范畴,这反映了公共和私人领域之间相对清晰的界分。近来,民主问责研究已经注意到需要调查公职人员非工作行为的溢出效应所带来的负面影响。但正如汤普森所提出的,在对公职人员的私人行为进行问责之前,需要审慎地考虑这一私人行为所造成的公共影响、与其公职的相关性以及公众对此的反应等诸多因素。[①]

与民主制度对公私行为进行区别的理念相反,儒家将人们的公共行为视为他们私人行为的自然延伸。更重要的是,儒家的道德修养过程,或者说个人的自我完善进程不可避免地需要进入公共领域,并与

---

① Dennis F. Thompson, *Restoring Responsibility*, Cambridge: Cambridge University Press, 2005, pp. 227–242.

公共事务交织在一起。个人与社会之间的互动导致了儒家的伦理化政治和政治化伦理。在这个高度伦理化的政体中,为政者这一角色需要具备很高的道德美德,而其他社会角色也同样面临相应的美德要求。此外,由于儒家崇尚为政者的责任心和选贤与能,统治者和臣子的执政合法性来自于他们展现出与其角色相适应的道德水准。因此,由于为政者具有多重社会角色且角色间的道德美德存在高度关联,为政者在被问责时就需要广泛地对自身行为进行回应,这些行为不仅包括他们的公共行为,还涉及他们的私人生活(如婚姻、孝道等)。私人生活中的不道德行为会对官员的公众形象产生负面影响,降低他们的公信力,最终侵蚀了他们进行统治的合法性。换句话说,儒家问责比民主问责所涵盖的议程更为广泛。

四 问责结果

问责的后果往往取决于行为体所承担的具体责任。例如,属于道德责任层面的问责往往仅指向道德层面的奖赏或惩罚,而一般不会涉及法律层面的各类后果。同样,问责的后果既可能是惩罚,也可能是奖励。表5-1显示了四类主要的问责结果。

表5-1　　　　　　　　　　　问责的主要类型

		问责的后果	
		惩罚	奖励
问责的类型	法律	A	B
	道德	C	D

资料来源:笔者自制。

民主环境下的问责既体现了行政效能的要求，也体现了公民控制官员的诉求。在基于权利和契约精神的政治理论中，公民可以利用制度约束来监督公职人员的行为，并惩罚他们的不当行为，例如通过选举将不合格的候选人淘汰、强迫在职人员辞职，甚至对失职失责官员进行公开批评。同样，在官僚体制内，问责的后果主要表现为纪律和法律制裁。实际上，法治作为当代民主的重要基础，为问责制配备了执法机制，以惩罚未能对其行为做出合理辩护的公职人员。有观点认为，以制裁为目的的问责制可能导致问责方和被问责方之间的信任在问责进程中不断流散。[1] 如马克·菲尔普（Mark Philp）所提到的："在没有信任的地方，不能指望问责机制来创造信任，因为问责机制本身就会降低信任。"[2] 这也间接说明 B 型问责机制在民主问责中的缺失。

相较于民主问责依靠实质性的惩罚手段来使政府官员的行为与法律和政策保持一致，儒家问责更多地依赖道德激励。儒家的道德问责则提供了一套相较于以制度为中心的问责机制的替代方案。对行为进行道德评价并不一定会导致这一行为受到法律制裁。相反，它强调问责可能产生的积极结果和消极结果并存。尤其是在一个依赖伦理规范和美德运作的政治体系中，国家需要通过将模范行为和品格注入社会

---

[1] Jane Mansbridge, "A Contingency Theory of Accountability", in M. Bovens, R. E. Goodin and T. Schillemans, eds., *The Oxford Handbook Public Accountability*, Oxford, Oxford University Press, 2014; Jane Mansbridge, "A 'Selection Model' of Political Representation", *Journal of Political Philosophy*, Vol. 17, 2009; James D. Fearon, "Electoral Accountability and the Control of Politicians: Selecting Good Types Versus Sanctioning Poor Performance", in Adam Przeworski, Susan C. Stokes and Bernard Manin, eds., *Democracy, Accountability, and Representation*, New York: Cambridge University Press, 1999.

[2] Mark Philp, "Delimiting Democratic Accountability", *Political Studies*, Vol. 57, 2009, p. 41.

来巩固其治理的道德基础,无论这一塑造出来的道德形象是多么值得称赞或应受谴责。这么看来,问责机制不仅应侧重于宣传错误行为以遏制潜在的腐败,还应侧重于传播积极案例以唤起社会成员普遍的道德意识。除道德的相关话语外,传统儒家社会治理对法律和其他正式规则的依赖程度有限。忽视问责律法的原因主要在于先秦儒家,尤其是孔孟从构建一个和谐社会的角度,认为道德的功用高于律法,因而并未给予制度足够的重视。

总之,民主问责制主要依靠 A 型问责机制来迫使被问责方做出解释,伴随而来的后果主要是法律上的惩罚;而儒家问责则主要依靠 C 型和 D 型问责机制来让为政者对他们的行为负责,因而儒家问责的后果主要表现为道德上的赞扬或名誉上的否定。

◇第五节 儒家问责的独特意涵

儒家为我们提供了一种构建问责制的替代方法,它将责任心置于政治中心,在问责方和被问责方之间培养一种相互的责任感,将集体目标置于自身利益之上,并最终依靠道德义务和制度激励来追究权力精英的责任。

一 对为政者责任心的倚重

儒家的国家治理观以孔子的"仁政"和孟子的"民本"等观念为基础,并从物质和道德两个层面对为政者(尤其是君主)的治理责任做了规定。有效治理意味着为政者的责任不仅能够满足民众的物质需求，还需为他们的道德完善提供条件。从物质福祉看，君主需要满足民众基本的物质需求。陈祖为甚至指出这种满足应以"充裕"为条件。① 为了实现这一目标，"施仁政于民，省刑罚，薄税敛""制民之产"② 都是为政者所需采取的手段。从精神福祉看，儒家认为一方面政府有必要为民众的道德提升创造必要条件，如能做到"谨庠序之教，申之以孝悌之义"③，就能让天下归服；另一方面，为政者还应以身作则，起示范带头作用，助力民众的道德提升，"政者，正也。子帅以正，孰敢不正？"④ 和"为政以德，譬如北辰，居其所而众星共之"⑤ 都在表达这层含义。而"己欲立而立人，己欲达而达人"⑥ 更是点出了君民彼此成就是个人发展的前提条件。若是能做到"与民偕乐，故能乐也"⑦，就具备贤王的美德了。

　　在明确治理目标后，为政者行事的道德动机就是治理是否有效的关键。孟子"禹思天下有溺者，由己溺之也；稷思天下有饥者，由己饥之也，是以如是其急也"⑧ 的观点很直观地点出了为政者责任心的重要性。在孟子看来，洪水和饥荒是事关民生的大事，为政者"人溺己溺"的感同身受使其深刻理解民众的忧患，进而表露出"急"的真诚心理。因而，为政者承担治水和"制民之产"的动力主要来自这

---

① Joseph Chan, *Confucian Perfectionism: A Political Philosophy for Modern Times*, Princeton: Princeton University Press, 2014, pp. 171-173.
② 《孟子·梁惠王上》。
③ 《孟子·梁惠王上》。
④ 《论语·颜渊》。
⑤ 《论语·为政》。
⑥ 《论语·雍也》。
⑦ 《孟子·梁惠王上》。
⑧ 《孟子·离娄下》。

种内在的责任心，而非仅仅是职责所在。孔子对"道之以德，齐之以礼"①的推崇不仅是一种治理国家的方法，同样也是对为政者的启示：实现良政善治需要依赖的是为政者发自内心德性的责任心，而非对外在律法的遵从。正因如此，儒家将君主和臣子与普通民众区分开来，对这些重要的政治角色设定了很高的道德标准。

二 对失职失责的关切

儒家虽然认为有效治理主要依赖为政者的责任心，但也对失职失责问题的预防以及惩戒进行了重点关切。审视君臣这组最为重要且内涵最为丰富的治理关系，有助于管窥儒家如何构建问责体系。儒家认为，理想的君臣关系是"君使臣以礼，臣事君以忠"②和"君之视臣如手足，则臣视君如腹心"③，但是，臣子的"忠"需要审慎解读。其直观表现为子夏所说的"事君能致其身"④，但究其深层意涵，臣对君的责任是"格君心之非"⑤，而非不顾仁义，一味讨好君主。若臣使君"不乡道、不志于仁，而求富、强战"⑥，就是在助纣为虐。

具体而言，谏责是忠的主要表现形式。谏不仅是臣子美德的体现，更是对君主失德失职的预防和警示。孔子谈及"比干谏而死"⑦，认为谏就是仁。谏在儒家有三层含义：第一，谏的直接对象是君主，

---

① 《论语·为政》。
② 《论语·八佾》。
③ 《孟子·离娄下》。
④ 《论语·学而》。
⑤ 《孟子·离娄上》。
⑥ 《孟子·告子下》。
⑦ 《论语·微子》。

但最终目的却是实现有效治理，臣负有最终责任的对象是民生。孔子赞赏管仲仁德的依据就在于其"一匡天下，民到于今受其赐"①。第二，谏具有双重性。一方面，臣劝谏君王要做到尽责，"有官守者，不得其职则去；有言责者，不得其言则去"②；另一方面，谏也具有灵活性，百里奚不谏是因为"知虞公之不可谏"③，因而选择离开是明智之举。孟子讨论伯夷、伊尹和孔子在不同境况下的为政之道时，最赞赏孔子"可以仕则仕，可以止则止，可以久则久，可以速则速"④的权变。第三，当谏无法改变君主作为时，君臣关系就失去实质意义。对臣子而言，"谏则不行，言则不听"⑤的君主是"寇雠"，因而不需要对这样的君主负责。

当劝谏无果时，儒家认为问责和惩戒也是合理且必要的。如前文所提到的，孟子论述了贵戚之卿和异姓之卿的差别就已经触及对失德失职君主的惩戒问题，认为暴君是可以被废除的，只不过这是贵族或"天吏"的责任，而非普通大臣的职责。⑥ 在如何惩罚暴君的问题上，尽管孟子并未否认通过战争推翻恶政的必要性，但他对暴力问责的方式持保守态度。在孟子看来，"春秋无义战"的根源在于国家之间

---

① 《论语·宪问》。
② 《孟子·公孙丑下》。
③ 《孟子·万章上》。
④ 《孟子·公孙丑上》。
⑤ 《孟子·离娄下》。
⑥ 关于孟子区分贵戚之卿和异姓之卿的一种解释是，由于贵戚有封地，因而在治理的经验和能力上要好于一般的臣子，同时也因为他们拥有继承权，可能取暴君而代之，所以他们的责任更重。参见 Justin Tiwald, "A Right of Rebellion in the Mengzi?" *Dao*, Vol. 7, No. 3, 2008, pp. 269-282。卢克·格兰威利（Luke Glanville）认为若一国行恶政，则邻国君主可以天命为名，向暴君发起战争。Luke Glanville, "Retaining the Mandate of Heaven: Sovereign Accountability in Ancient China", *Millennium-Journal of International Studies*, Vol. 39, No. 2, 2010, pp. 323-343。

"彼善于此",并不存在一个真正行仁政的国家①,发生在这些国家之间的战争,不过是"以燕伐燕",并不具有正当性。②

相较于臣子,民众在问责中所扮演的角色十分有限。虽然孟子认为"伐"的合理性取决于战争是否使民"悦",受难之民是否"箪食壶浆以迎王师"③,但民众的态度在这里仅仅起指示性的作用。④ 具体而言,儒家并未明确承认人民起义的合理性⑤,而偏向于认可民众通过非暴力抵抗的方式来对失职行为进行问责。如若"凶年饥岁,君之民老弱转乎沟壑,壮者散而之四方者,而君之仓廪实,府库充,有司莫以告,是上慢而残下也",对于这种明显的失责行为,民众"视其长上之死而不救"就是对苛政的合理回应。⑥

此外,儒家还注重通过道德施压来督促君王。"暴其民甚,则身弑国亡;不甚,则身危国削。名之曰'幽厉',虽孝子慈孙,百世不能改也。"⑦ 就意在用谥号制度(恶名)来制造道德压力,劝导君王要行仁政,为民众的福祉负责。这种由道德压力所产生的羞耻感,往往比禁止性或惩罚性的法律制度,更能够使为政者自律。⑧

---

① 《孟子·尽心下》。
② 《孟子·公孙丑下》。
③ 《孟子·梁惠王下》。
④ 尽管如此,但儒家并非放弃了民众追求自身道德发展的理想。孔孟对乡原的批评正是表明,若普通人不仅没有贡献积极的社会价值,反而消耗了社会资本,则谓之"德之贼"。
⑤ Justin Tiwald, "A Right of Rebellion in the Mengzi?" *Dao*, Vol. 7, No. 3, 2008, pp. 269 – 282.
⑥ 《孟子·梁惠王下》。
⑦ 《孟子·离娄上》。
⑧ Sara R. Jordan, "Accountability in Two Non-Western Contexts", in Melvin J. Dubnick and H. George Frederickson, ed., *Accountable Governance: Problems and Promises*, New York: M. E. Sharpe, 2010, pp. 241 – 254.

◇ 本章小结

当代西方治理体系是典型的权利政治，它以个人权利为中心，通过权利导出责任（accountability），若无自由，便无责任。[①] 在此视角下，责任是从权利衍生出的一种被动而为的概念。在现代欧美政治实践中，制度在保障个人权利的同时也规定了公权力的责任。这表明，公职人员需要在规则框架中行事，一旦行差踏错，则可能会被问责，甚至受到处罚。

相对而言，儒家政治是一种责任政治，它以责任（responsibility）为中心，通过责任导出权利，因而儒家尤其强调为政者在行使职权时所需具备的主动为之的责任意识。在理想的情境中，为政者的责任心驱使他服务于民众的物质和精神福祉。更为重要的是，儒家重视社群感和关怀感等情感，强调在人情中建立政治秩序，因而儒家视野中的治理并不仅是制度框架之下的循规蹈矩和"免而无耻"，而是更希望公职人员在履职时展现出的责任心（美德）能够助推政治共同体的道德发展，使民众过上一种"有耻且格"的生活。只有过上这样的生活，国家治理的有效性才能得到大幅提升。

[①] 谢文郁：《权利政治与责任政治》，《文史哲》2016 年第 1 期，第 46—48 页。

第 六 章

儒家问责的历史实践

关于儒家责任伦理与一般问责模式的讨论指出，儒家社会主要依赖责任美德来促使为政者对民众的福祉负责，进而提升治理的有效性。在历史实践中，以美德为中心的儒家责任模式在强调个人道德修养的同时，还推动了一系列责任制度的发展。在中国政治制度史中，主要存在行政、历史和教育三类具有问责相关功能的制度来规范为政者的行为，并促使其对自身决策负责。行政问责旨在从行政结构和政治文化等层面来制约为政者的失职失责行为，如尤锐（Yuri Pines）认为，行政体系是"防止君主任意妄为的最为有效的手段"[1]。历史问责的基础是相对独立的史官系统，他们通过记录和刻画为政者的行为与形象，从心理上压制为政者的失职倾向。教育问责则主要意在通过培养和选拔功绩卓越的候选人来治理国家，体现了儒家尚贤政治伦理对世袭君主制的妥协。

以上分析告诉我们，可将这三种问责制度分为事前（ex-ante）和事后（ex-post）两类机制。行政问责和历史问责主要提供的是事后追

---

[1] Yuri Pines, *The Everlasting Empire: The Political Culture of Ancient China and Its Imperial Legacy*, Princeton, NJ: Princeton University Press, 2012.

责手段，而教育问责则意在通过事前途径来提升为政者对民众福祉的责任心。

◇ 第一节　行政问责

君主不可能亲自了解和处理一国所有的公共事务。在古代中国，尽管君主身处行政系统的顶端，但具体政策的制定和执行往往依赖各层级的官僚。即使君主自身素质平庸，但若其寻得贤德之臣的辅佐，也能实现善治。[1] 自秦以来，中国就建立了以世袭君主制为基础的政治体制。根据顾立雅（Herrlee G. Creel）的研究，自汉代起，中央政府的体系建设越来越现代化，几乎能够满足韦伯式官僚主义的所有标准。[2] 日趋成熟的行政体系直接且深入地影响了中国古代社会的发展。官僚体系的完善在提升治理有效性的同时，也对君权构成了制约。一方面，君主可委托和授权非人格化的官僚体系来处理各层级公共事务，而不用依赖那些君主自身无法掌控的血亲贵族。另一方面，尽管官僚体系在名义上对君主负责，但官僚体系在运作进程中展现出一定程度的独立性，这对君主的绝对权威造成挑战。[3] 可以说，君主与行

---

[1] Yuri Pines, *Envisioning Eternal Empire: Chinese Political Thought of the Warring States Period*, Honolulu: University of Hawaii Press, 2009; Joseph Chan, "Political Meritocracy and Meritorious Rule: A Confucian Perspective", in Daniel A. Bell and Chenyang Li, eds., *The East Asian Challenge for Democracy: Political Meritocracy in Comparative Perspective*, New York: Cambridge University Press, 2013, pp. 31 - 54.

[2] Herrlee G. Creel, "The Beginnings of Bureaucracy in China: The Origin of the Hsien", *The Journal of Asian Studies*, Vol. 23, No. 2, 1964: 155 - 184.

[3] Shmuel Noah Eisenstadt, *The Political Systems of Empires*, London: Free Press of Glencoe, 1963.

政官僚之间的相互制约与制衡在历史实践中一直存在，二者既竞争又合作的关系给向君主问责提供了空间。①

一 儒家政治伦理对官僚体系的影响

在先秦政治文化中，禅让制对儒家尚贤伦理的产生和发展产生了深远的影响。自汉代以来，随着中央集权的发展，儒家尚贤伦理与世袭君主制相互妥协与调试，逐渐成为政治选拔的主导思想。一方面，汉代建国者吸取秦二世而亡的教训，通过建立非人格化且高效的官僚体系来巩固自身政权；另一方面，对于亟须巩固自身权威的早期汉代君主而言，独立的官僚体系是其借以压制革命盟友势力发展的现实手段。因此，儒家尚贤伦理对政治选拔理念的影响日渐上升，并逐步推动了古代中国政治选拔机制的发展。

汉武帝采取董仲舒的建议"罢黜百家，独尊儒术"后，儒生越来越多地参与到政治中。汉武帝在京师长安成立太学，设五经博士讲授《诗》《书》《礼》《易》《春秋》等儒家经典。太学里的儒生由郡国察举或是由太常自主挑选。随着时间的推移，太学师生人数迅速增长。据《汉书·儒林传》记载，太学师生人数在初期仅为50余人，八十年后便上升至3000余人，可见其重要性和影响力增长之快。刘厚琴根据史料统计得出，在汉武帝时期，拥有太学背景的儒家官员占地方官员总数的比例为42%，至西汉末年，这一比例已跃升至80%

---

① 张星久：《中国君主专制政体下的君权与相权冲突问题——兼论官僚组织与君主专制制度的关系》，《求索》1998年第2期；张星久：《中国古代官僚制度的自主性分析》，《政治学研究》1997年第4期。

以上。① 在儒家思想成为官方意识形态的背景下，儒生的社会地位也得到相应提升，汉代的官僚体系逐渐"儒家化"。钱穆就曾指出，汉代所建立的文人或士大夫政府对后世的政治发展产生了重大影响。② 随着科举取代察举和征辟成为政治选拔的正统机制，以及儒家经典成为科举考试的主要内容，官僚系统在制度上和文化上都呈现出鲜明的儒家特征。

二 官僚系统如何对为政者问责

虽然官僚体系的权力来源于君主授权，但儒家官僚体系并未完全将自身视为君权的代理人。从儒家责任伦理来看，儒家官员（或曰士大夫）的根本关切在于民众福祉，而非君主的指令。孔子曾言："信好学，守死善道。危邦不入，乱邦不居。天下有道则见，无道则隐。"③ 孟子同样认为："君子之事君也，务引其君以当道，志于仁而已。"④ 基于"惟命不于常"理念，士大夫视自身为阐释"天命"或"道"的正统，这使士大夫在道德上和精神上独立于君权。道德律令促使士大夫对君主的失职、失责，甚至是失德行为进行劝谏。尤锐指出，士大夫"笃信自身对国家和民众真实需要有着更直接且更深层次的理解，并有能力代表君主治理国家"⑤。官僚，尤其是位高权重的朝廷要员，作为具体政策的决策者和执行者，能够与君主共同协商政

---

① 刘厚琴：《儒学与汉代社会》，齐鲁书社2002年版。
② 钱穆：《中国历代政治得失》，九州出版社2012年版。
③ 《论语·泰伯》。
④ 《孟子·告子下》。
⑤ Yuri Pines, *The Everlasting Empire: The Political Culture of Ancient China and Its Imperial Legacy*, Princeton, NJ: Princeton University Press, 2012, p.64.

治议程，甚至讨价还价，同时还在必要的场合上谏于君主，甚至发出抗议。简而言之，儒家官僚可以横向制衡君主政治权威，并在必要的时候向其问责。

同时，儒家尝试从义理上将君权与超验的天命联系起来，这一做法不仅意在从"天命"中找到君权合法性的来源，同时也试图以"天命"来限制君主的权力。其中，最具代表性的就是董仲舒的天人感应说。根据这一逻辑，儒家学者将自然灾害与君主失职失责行为联系起来，并以此来作为追究君主责任的依据，敦促君主颁布罪己诏来承认自身在道德和政治能力上存在不足。与天人感应的逻辑相似，程颢关于道的论述同样为士大夫制衡君权提供了依据。在程颢看来，道应被理解为关于秩序和知识的最高原则（类似于逻各斯），为政者应以道行事。一旦为政者在治国理政中背"道"而驰，士大夫就应以道为名对其问责。[1] 具体而言，罪己诏和君相之争在实践中成为儒家行政问责的最主要表现形式。

（一）纵向问责：罪己诏

儒家关于天人关系的讨论不仅论证了君主制的合法性，而且还强化了君主的政治责任。也就是说，君主的政治权力来自于天，需要对天命负责。自然灾害或社会动荡被认为是天对为政者治理成效不满的表达。一旦发生类似情况，君主就会在士大夫的劝谏下颁布罪己诏，声明自身失职失责的原因，以及所需承担的责任。例如，汉文帝发布罪己诏就是纵向问责的典型案例。

---

[1] Alan T. Wood, *Limits to Autocracy: From Sung Neo-Confucianism to a Doctrine of Political Rights*, Honolulu: University of Hawai'i Press, 1995.

十一月癸卯晦，日有食之。诏曰："朕闻之，天生民，为之置君以养治之。人主不德，布政不均，则天示之灾以戒不治。乃十一月晦，日有食之，适见于天，灾孰大焉！朕获保宗庙，以微眇之身托于士民君王之上，天下治乱，在予一人，唯二三执政犹吾股肱也。朕下不能治育群生，上以累三光之明，其不德大矣。令至，其悉思朕之过失，及知见之所不及，丐以启告朕。及举贤良方正能直言极谏者，以匡朕之不逮。因各敕以职任，务省繇费以便民。朕既不能远德，故憪然念外人之有非，是以设备未息。今纵不能罢边屯戍，又饬兵厚卫，其罢卫将军军。太仆见马遗财足，余皆以给传置。"①

诏令文书表明，汉文帝在罪己的同时承认了士大夫谏言的重要性。罪己诏颁布之时，往往正是士大夫进谏的最佳时机。同时，罪己诏能够展现君主的政治责任感，是一种展示自身仍然具有道德权威的方式。尽管官僚体系无法直接追究君主的政治责任，但他们可以借助天命和道的话语，间接地迫使君主对自身失职失责行为负责。

（二）横向问责：君权与相权的制衡

与构建于天命和道之上的纵向问责相比，君权与相权之间争斗与制衡可被视作横向问责的一个典型模式。韩国学者牟钟璘（Jongryn Mo）以朝鲜王朝（1392—1910）的监察谏议机构为案例，讨论了监察谏议机构（如御史台）对君主和权臣进行横向问责的基本模式。在

---

① 《汉书·文帝纪》。

他看来，监察谏议机构是促进朝鲜王朝政治和社会稳定的关键因素之一。①

但在中国政治发展史上，谏官只是问责链条上的一个环节。横向问责的基本前提是问责方与被问责方所拥有的权力在体量上相近。而在帝制体系中，唯一能够在政治进程中与君权相抗衡的只有相权。宰相作为总揽政务的最高行政长官②，其丰富的行政经验、政治能力和社会声望往往使其被君主赋予极高的权限，并享有相当程度的自主决策权。具体而言，古代中国政治系统中的横向问责主要呈现出两种形态。其中一种模式是官僚体系内部的分权与制衡，这使得行政部门之间不仅有纵向的行政问责，还存在横向制衡。例如，唐代三省分工明确：中书省拟撰诏敕、门下省负责审议、尚书省执行，三省之间在工作上各有侧重，互相制衡。③ 横向问责的另一方模式，就是本节所强调的相权对君权的制衡。仍然以唐代政治制度为例，由于政令需经由中书和门下两省核准后交由尚书省执行，皇帝绕过中书省和门下省直接下敕令给尚书省的做法于法礼不符，就从制度上构成了对君权的限制。例如，唐中宗未经中书和门下两省下达封官敕令时，由于心知自身这一行为有违礼法，遂以墨批取代正式授权的朱批，且斜封诏敕封袋，意在显示此项政令的非正统性，这在后世被称为"斜封墨敕"，

---

① Jongryn Mo, "The Challenge of Accountability: Implications of the Censorate", in D. A. Bell and Hahm Chaibong, eds., *Confucianism for the Modern World*, New York: Cambridge University Press, 2003. 何包钢对这一议题也进行了探索，其所得出的结论与牟钟璘相似，详见 Baogang He, "Deliberative Culture and Politics: The Persistence of Authoritarian Deliberation in China", *Political Theory*, Vol. 42, 2014, pp. 58 – 81。

② 宰相是对中国古代最高行政长官的俗称，其在历代往往对应着不同的官职。尽管明代大部分时期不设宰相，但仍然在官僚体系中保留了内阁首辅等类似官职。

③ 设立三省六部制的一个重要原因在于限制相权，加强君权。尽管如此，三省之间相互牵制在一定程度上为横向问责提供了制度基础。

而那些经由此类方式获得官职的人也被称为"斜封官",一般被由科举入仕且经过正式敕封手续的官员所低视。① 这一事例说明,尽管官僚体系无法直接限制君主权力,但可以通过制度化的方式使其思考自身失职行为的后果,并使其对法礼负责。

除了由君权和相权相制衡所产生的横向问责之外,宰相还通过任命谏官来对君主的失职行为进行劝谏。在唐代,谏官多出自门下省,他们往往官阶不高且无实质性权力,但具有很强的独立性,且受到制度保护,也可被视为一种对角问责形式。他们有学问、有气节,敢于直言谏诤,往往很受尊重。同时,宰相往往借谏官之口向君主进谏,避免了君权和相权之间的冲突,是相权制衡君权的重要手段。"这些官员的职责大致相同:无论他们多么不受君主欢迎,他们都伴随君主左右,并向君主提供(批评性的)政策建议。"②

总而言之,君权与相权之间的制衡使得理论上不受节制的君权得以受到限制,并可能被问责。

第二节 历史问责

在行政问责之外,儒家社会还依赖一系列与历史相关的制度,如著史传承、史官制度等来问责于君主的失职行为。③

---

① 钱穆:《中国历代政治得失》,九州出版社2012年版,第45页。
② Samuel Edward Finer, *The History of Government from the Earliest Times: The Intermediate Ages*, Oxford: Oxford University Press, 1997.
③ David Schaberg, "Remonstrance in Eastern Zhou Historiography", *Early China*, Vol. 22, 1997, pp. 133–179.

一 为什么可以通过历史问责为政者

儒家伦理是一种以社群为基础的，以家庭为根基的古代伦理。在儒家看来，自我并不仅仅是当下的存在，而能够通过各类社会关系延伸至过去，甚至是未来。因此，自我并不是一种自由主义式的原子，而是一个与他人存在或亲或疏联系的存在。因此，个人存在的意义并不仅仅在于活在当下，还在于祭祀祖先、关爱后代。因此，现世一代人的行为就构成了历史进程的一部分，并最终对他们的后代产生影响。换句话说，为政者在治国理政时既要关注民众在当下的诉求，也需要对祖先和后代负责。基于这一逻辑，通过历史来对为政者的失职行为进行问责，就是合理的。历史问责具备两方面内涵。一方面，一个新的政权总是注重汲取前朝覆灭的教训，以避免历史危机重演，历代政治得失是治国理政的重要参考。因此，可通过学史明理来教育和警示当下的为政者，抑制他们的失职失责倾向。另一方面，为政者的政绩会被记录下来，并留给后代评述，这在心理上激励或迫使为政者更好地服务于民众的诉求，推动善治。例如，谥号就是一种对君主施加道德压力的重要历史制度。

二 历史问责的起源

书写历史的本意并不在于制约政治权力。最早的著史形式（约前2600年）与巫术密切相关，而巫术是巩固君权神授的重要组成部分。在前现代时期，巫术的一个重要功能是执行沟通人与神（天）的仪式，并为君权的合法性进行辩护。更具体地说，巫需要将世俗事务记录和报告给上天，然后将上天的反馈（主要是自然现象）向统治者和人民阐释。[1] 在这个过程中，统治者要对上天负责。祭天仪式的宗教性、神秘性和庄严性往往能够震慑古代统治者，使他们与著史过程保持距离。《礼记·礼运》曰："王前巫而后史，卜筮瞽侑，皆在左右。"而且在很长一段时期，史官这一职位是世袭的，这意味着史官的培养和选拔基本能够不受君权干涉，保持自身独立性。史官的这一培养方式能够促使他们在著史时保持客观。从这个角度看，史官可以通过著史问责于君主。

随着社会的发展，巫术影响力的减弱，以及现代书写工具的产生，著史进程逐渐脱离巫术，并转变为一种制度化的行政安排。周公创造性地阐述了政治合法性不仅来自于天对为政者的接受，还来自于人民福祉的提升，这意味着统治者不仅要对天负责，还要对人民负责。这一观念促使历史与宗教神学分离开来，让著史更多地关注人的境况，为历史问责奠定了理念基础。这一时期的史官基本保持了自身独立性，但其除了著史外还需承担部分文字整理和记录任务，因此史官制度发展成为一个复杂的半行政体制，可以说是现代官僚制的雏形。在后朝，史官逐渐摆脱了其他行政负担，变得更加专业化。[2]

三　独立的史官制度

鉴于历史的重要性，建立一个独立的史官制度就显得至关重要。

---

[1] 张岩：《从部落文明到礼乐制度》，上海三联书店2004年版；许兆昌：《先秦史官的制度与文化》，黑龙江人民出版社2006年版。

[2] 许兆昌：《先秦史官的制度与文化》，黑龙江人民出版社2006年版。

独立于君权的史官制度可以保障史官不受政治干扰，提升著史的真实性和客观性。然而，史巫逐步分离后，史官一职逐渐显现出较为明显的人文主义属性，而其原先所带有的宗教性神秘色彩也随之消散，这使得史官对君权的心理威慑也随之下降。与此同时，征辟、察举和科举等政治选拔制度的发展也打破了史官的世袭制。至此，君权摆脱了原先受制于史官的心理和制度约束。然而，儒家社会发展出了其他手段来保护史官不受政治干扰，进而问责于君主或权臣的失职行为，这些手段包括在制度层面确保史官的独立性、对民间著史行为持宽容态度以及强调史官的社会责任感和独立意识。

第一，史官的独立性在制度层面受到保障。由于早期史官所从事的工作需要高度专业化的技能，因此先秦史官是通过世袭制来培养，而非由统治者随意任命。直到春秋战国时期，随着史官世袭制度受到破坏，君权逐渐对史官任用进行干预，史官的政治地位不断下降，一些史官甚至选择放弃著史这一职业。于是，新的史官选拔方式开始出现。自从汉武帝"罢黜百家独尊儒术"以来，儒家思想开始主导帝国的行政和教育统治。在这个进程中，史官选拔也被纳入科举轨道。尽管与早期的世袭制相比，受儒家思想影响的史官体系的独立性较低，但其仍然可以在一定程度上促使君主为其自身错误行为负责。例如，司马光在《涑水记闻》中就记录了宋太祖怕史官一例：

> 宋太祖尝弹雀于后园，有臣称有急事请见，太祖亟见之，其所奏乃常事耳。上怒，诘其故。对曰："臣以为尚急于弹雀。"上愈怒，举柱斧柄撞其口，堕两齿。其人徐俯拾齿置怀中。上骂曰："汝怀齿，欲讼我耶！"对曰："臣不能讼陛下，然自有史官

书之。"上既惧又说，赐金帛慰劳之。①

第二，官方对民间著史行为持宽容态度。在先秦时期，除了官方著史之外，民间著史行为同样十分普遍，这有助于后世从多重视角来回顾历史实践，并加以评价。例如，相传孔子批判地吸收了周礼，并以史为鉴作《春秋》，用春秋笔法对历代政治得失进行了品评。孔子著史对儒家史学体系的发展产生了两个重要影响。一是孔子的基本思想和理论框架建立在史料之上，这使得儒家思想的发展离不开对历史的研究。二是儒家不仅注重书写历史，而且注重评论历史。孔子之后的历代史官不仅记录了为政者的政治决策和个人生活，而且还以儒家政治伦理为准则，对为政者的这些行为进行评判。尽管官方著史由君主责令具体官员进行监督，但朝廷并未禁止民间著史或阻碍其发展。例如，孔子在撰写《春秋》时并未入仕，但这并不妨碍《春秋》成为中国第一部编年体史书，进而成为儒家经典之一。正如孟子所言，"孔子成《春秋》而乱臣贼子惧。"②

第三，著史的质量在很大程度上取决于史官的独立人格和社会责任感。历史上记载了一系列史官坚守自身道德信念，不为君权所动的案例。

> 齐庄公六年，齐臣崔杼指使其下属弑庄公。大史书曰："崔杼弑其君。"崔子杀之。其弟嗣书而死者二人。其弟又书，乃舍之。南史氏闻大史尽死，执简以往。闻既书矣，乃还。③

---

① 《涑水记闻》卷一。
② 《孟子·滕文公下》。
③ 《春秋左氏传》（襄公二十五年）。

同时，史官的独立意识和社会批判角色在儒家经典中受到了高度评价：

子曰："志士仁人，无求生以害仁，有杀身以成仁。"①

孟子曰："居天下之广居，立天下之正位，行天下之大道。得志与民由之，不得志独行其道。富贵不能淫，贫贱不能移，威武不能屈。此之谓大丈夫。"②

综上，独立的史官制度、对民间著史的宽容以及推崇史官的独立人格提升了著史的相对独立性，并使历史问责成为可能。更值得注意的是，这三个维度相互促进、相互强化。受儒家文化的熏陶，史官往往在道德上能够保持其独立性和批判性。基于科举的史官选拔方式将政治美德带入政治进程中，凸显了史官人格独立和社会责任等美德的重要性。民间著史的多元视角丰富了官方著史的真实性，两种著史路径都为政治美德的发展提供了养分，进而对君权施加了道德约束。这些因素相互作用，共同提升了儒家历史问责的有效性。

◇ 第三节　教育问责

继任者的选择是确保世袭君主政体稳定的关键环节。尽管官僚的选拔方式随着时间的推移而发生了变化，但继任君主的选拔始终是影

---

① 《论语·卫灵公》。
② 《孟子·滕文公下》。

响每个王朝稳固性和延续性的关键问题,且继任君主的选拔方式并不随时间推移而发生显著变化。

与行政和历史问责机制相比,教育问责机制包含两层独特含义。一是其体现了培养德才兼备君主的政治理想。且一旦培养出理想的统治者,问责制度就没有存在的必要,因为这一贤能的统治者具有很强的责任心,且可以根据客观环境调节自身施政方式,进而引发一种自我问责。[①] 二是教育问责意味着竞争与淘汰。具体而言,就是在继任者选拔进程中,率先淘汰那些无法满足基本道德、行政或军事要求的候选人。一旦年轻皇子或储君一直无法妥善完成给定任务,那么他们就将在世袭竞争中被淘汰,失去承袭皇位的资格。

在中国政治史上,最高统治者的继承方式主要有三种:禅让、世袭和暴力革命。前两者,尤其是世袭,是最为常见的和平权力转移模式。且这两者都是儒家政治伦理的核心主题。从孔子开始,儒家学者就努力在禅让和世袭制中注入尚贤思想,以提升治理的有效性。随着儒家思想成为国家意识形态,儒家政治伦理便逐步渗透到帝制政治体系中,影响着政治选拔和官员评价等一系列行政制度安排。

一 禅让制中的道德启示

禅让是儒家的政治理想之一,是被最早提出的一种破除血亲传承,提倡选贤任能的政治选拔模式。如《礼记·礼运》所载:"大道之行也,天下为公。选贤与能,讲信修睦。"《论语》和《孟子》均讨论了尧、舜、禹三代的禅让案例。尧之所以传位给舜,主要是因为

[①] Kwang Sae Lee, "Some Confucianist Reflections on the Concept of Autonomous Individual", *Journal of Chinese Philosophy*, Vol. 21, 1994, pp. 49 – 59.

舜的德行和政才出众，舜传位给禹也是如此。禅让制的启示在于，继任者的道德修养取决于在任者的道德示范。换句话说，禅让是一个无声的道德教育过程，在任统治者的行为将对其继任者产生直接影响，在任统治者的高道德标准和政治能力为他们的继承人设置了门槛，而继任者们只有满足甚至超过这些标准，才能合法地承袭职位。因此，继任者至少需要对他们的前任，以及对统治者这一职位所蕴含的功绩要求负责。

然而，儒家并没有将禅让视为唯一合法的权力转移方式。儒家所倡导的尚贤政治伦理在世袭君主制面前，不得不选择妥协，并试图用教育手段来尽可能地提升世袭君主的道德水准和执政能力。如陈祖为所言，儒家在历史上始终在努力调试自身政治理念与世袭君主制之间的关系。[①] 调和儒家理想和政治现实的关键在于提升为政者及其继任者的道德和治理水平。为了实现儒家的仁政理想，孔孟都试图通过教育或劝谏的方式来提升为政者的道德修养水平。

二　世袭制中的教育问责理念

对年轻君主和皇位继任者的教育工作是中国政治实践的重要组成部分。如尤锐指出，"历朝历代都将继任君主的教育，甚至所有皇子的教育视为重中之重。继任君主由全国最优秀的老师进行培养，通读前朝的各类史料，参与行政或军事实践，并接受孔孟之道的道德培

---

① Joseph Chan, "Political Meritocracy and Meritorious Rule: A Confucian Perspective", in Daniel A. Bell and Chenyang Li, eds., *The East Asian Challenge for Democracy: Political Meritocracy in Comparative Perspective*, New York: Cambridge University Press, 2013, pp. 31 - 54.

养。所有的一切都是为了让最优秀的继任君主为治理天下的繁重任务做好准备"①。在此进程中，随着儒家思想成为教育的主导思想，继任君主的能力培养和道德熏陶就被儒家学者所垄断。一旦继任君主未能展现出儒家伦理所设想的高道德和政治水准，包括继任君主、其老师以及现任君主在内，均可能会被教育系统追责问责。

通常，继任君主的老师（太子太傅、太子少傅）都是受人尊敬的儒家学者，他们时常还任丞相一职。太子们从小就接受太傅和少傅的教导。继任君主登上王位后，他的部分老师可能仍然在职，甚至仍然处于官僚体系的顶端。这种教育机制可以通过两种手段来对君主进行问责。一方面，帝师是继任君主的榜样，他们渊博的学识和出众的人格魅力能够对继任君主的道德形成和发展起到积极的示范作用。另一方面，教育系统将儒家道德规范和伦理标准带入世袭君主制，这为对君主施加道德压力提供了空间。尤其是一旦"尊师重道"的儒家思想植根于帝王的脑海中时，君主往往更愿意接受其老师的建议和批评。万历皇帝和张居正之间的关于君权和相权的较量从一个侧面体现了教育机制能够对君主进行问责。

◇◇ 第四节 儒家问责机制的评价

本章论述了儒家可以通过行政、历史和教育三种方式让为政者，尤其是君主对自身行为负责。行政问责表明，儒家学者意识到了滥用权力的危险，并时刻对君主的失职行为保持警惕。随着官僚制度儒家

---

① Yuri Pines, *The Everlasting Empire: The Political Culture of Ancient China and Its Imperial Legacy*, Princeton, NJ: Princeton University Press, 2012, p.66.

化，士大夫逐渐掌握了越来越多的政治资源，获得了对君主施加道德压力，并对君主问责的权利。历史问责强调以史为鉴，寄望于通过著史和论史来使君主避免重蹈覆辙，同时还意在通过将君主的错误行径写入历史来约束君主的行为。而旨在培养具备较强责任心君主的教育机制，则至少在事先就将一些极不合格的候选人从世袭选拔中淘汰出局，保障了继任君主的整体质量。

具体而言，这三种问责机制不应被视为相互排斥，甚至不应被视为独立运作。事实上，它们中的每一个在实践中都依赖于其他两个维度，并被其他两个维度增强。例如，问责制的教育层面为让现任统治者承担责任提供了非常有限的事实上的约束。而教育问责一旦与行政方式相结合，就不仅获得了实质性的影响，而且还巩固了纵向和横向的行政问责制。如上一节所述，诸侯或年轻皇帝的教师有时将这项工作与他们作为高级大臣的主要政治职位结合起来。这种双重身份意味着，作为一名教师，他对年轻的准统治者产生了个人影响，并与他们建立了心理甚至情感联系；身为大臣，他应为皇上效忠，必要时应进谏。一旦一位年轻的皇帝继任，他的老师可以兼任他的政治顾问。由于年轻君主缺乏政治经验和心智不成熟，使自身高度依赖与他有情感纽带的经验丰富的师长。在此基础上，年轻的皇帝继任后，对于导师的政治建议、异见，甚至严厉的批评，他都趋于宽容。这种联合问责（包括教育和行政）显然比任何单一方法都具有更高的效率。同样，史官制度实际上是行政机构的一个特殊部分。虽然他们与普通官僚共享儒家价值观和行为准则，但他们的职业要求将他们与日常政治事务隔离开来，使他们特别专注于历史写作。但史学家的道德自主性仍然高度依赖于行政机构的力量。史学家们自发的、有组织的抗议，要求整个行政机构拥有一定程度的自主权，从而加强了其他行政部门的影响力，这些部门可能会对政策进程施加更大的压力，并带来更多的问责效果。至于史学与教育的结合，史学是帝王教育课程中最重要的课程之一。历史记录既是过去经验的宝库，也是当前政治的记录，这符合世袭君主制的统治利益。了解历史的重要性并尊重史学家在历史和教育功能上的独立性是一个相互促进的过程。因此，在儒家政治史上，这三种问责形式构成了一个相互加强的网络，共同对君权形成制约甚至在必要时追究君主的责任。

但我们同样需要看到儒家问责的弊端，不应夸大儒家问责的有效性。整体而言，儒家问责面临四个主要问题。首先，虽然儒家试图通过道德和官僚体系来追究君主的责任，但这一理念高度依赖于政治精英的整体道德标准。一旦君主道德腐化并在政治上独断专横，道德作为一种软性机制就很难限制君主的行为。换句话说，在以道德为基础的问责机制面前，开明的君主可能会欣然接纳谏言，而独断专横的君主则斥谏诤为谬论。其次，儒家的问责主要依赖德才兼备的士大夫来追究统治者的责任，而忽视民众的力量。在实践中，一旦士大夫上无法制衡于君，下不能代表其民，就将面临狄百瑞所说的"儒家的困境"。再次，士大夫无法垄断对天命和道的阐释。由于天命与道是高度抽象的概念，需要被详细解释，而君主和士大夫在长期接受儒家教育后，都有能力理解这些抽象的概念。一旦君主和士大夫以完全不同的方式来阐释天命或道，要说服统治者去做大臣们认为正确的事情就难上加难。最后，历史实践表明，在政治进程中，士大夫和君主是主要的行为体，但宗室、贵胄、外戚甚至是宦官群体对政治进程往往能够产生极大影响。一旦君主主要依靠其他权力集团，而不是士大夫，来治国理政，那么他们所需要负责的对象以及相应的问责逻辑就呈现出另一番不同的景象。

◇ 本章小结

儒家社会通过行政、历史、教育这三种方式来要求君主对天命和道负责。这种责任在世俗政治中表现为对民众福祉的关注。这三种方式相互协作，相互促进，培养了官僚体系的责任感。然而，前文所选择和讨论的案例只是中国政治史中的一个片段和部分机制。这提示我们，在理解儒家问责机制有效性时，不应夸大带有儒家色彩的机制对现实政治权力的制衡效果。例如，儒家的天命思想弥合了世俗君权与超然道德原则之间的鸿沟，不仅为世袭君主制辩护，而且对君权进行了限制。然而，由于统治者和士大夫之间的权力差距过于悬殊，行政问责至多可被视作一种制衡君权的权宜之计，而不是通过制度安排来让君主承担实质性的责任。可以说，士大夫群体在权力结构上从属于统治者。只有当官僚阶层具备足够的功绩，位至权臣时，才可能对君权产生制约。一个独断专行的君主，无论其行为方式是否符合儒家规范，他都会利用所有政治手段来追求自己的政治野心。例如，在秦朝建立中央集权的官僚国家后，关于世袭君主制合法性的讨论空间已经被压缩得极为有限。尽管如此，这些史实仍然说明了问责理念普遍存在于儒家社会中，只不过儒家问责模式与一般问责模式相比，在运作逻辑和现实效用上均存在较大差异。

第七章

儒家政治伦理的当代价值及其反思

通过对儒家政治伦理进行理论和制度分析后可以看出，尽管在制度建设成效有限的情况下，儒家仍然艰难地依靠道德维持了自身治理体系的代表性和责任性，这一方面凸显了建章立制在治国理政中的重要性，另一方面也说明儒家政治伦理在国家和社会治理方面有着自身独特的理路。

在一个完善的治理体系中，道德和规则缺一不可。《中共中央关于全面推进依法治国若干重大问题的决定》提出"增强法治的道德底蕴，强化规则意识，倡导契约精神，弘扬公序良俗"这一重要原则，一方面强调了"规则意识"是公民道德修养中的重要组成部分，另一方面也凸显了道德与规则之间需要有良好的互动关系。

较之于道德，儒家政治伦理对规则的重视始终是不足的。造成这一问题的原因一方面在于儒家认为规则无法导出和谐友爱的那种良善的社群生活，另一方面又在于儒家在历史发展进程中与权力的深度融合。随着政治现代化的发展，儒家已经失去了自身的制度依托。但儒家并没有完全进入"博物馆"，仍然通过自身在社会和文化领域的影响力潜移默化地影响着现代化进程。从儒家政治伦理的独特性出发，我们在此时需要思考的是，如何能够使伦理规范在制度建设中找到自身的合理定位，尤其在制度所不能及之处，我们该如何推动道德发挥更加有益的作用。

第一节 儒家政治伦理的当代理论价值：兼顾规则与美德

兼顾美德和规则不仅是儒家政治伦理对当代国家治理的启示，也是儒家伦理在现代社会重拾影响力的重要路径：一方面，对美德的强调不应仅以个人为对象，也应该注重规则的美德，即良政善法在提升公民德性方面的重要性[①]；另一方面，良好的规则和制度可能并不是放之四海而皆准的，而是与共同体对好生活的规划相关，这就启发我们在构建责任体系时不应忽视本土伦理资源。儒家对理想和现实的调和与简·曼斯布里奇提出的责任"权变理论"（contingency theory，或译为相机理论）旨趣相似。曼斯布里奇指出，在一个责任系统中，对责任心的褒奖和对失责的惩罚往往此消彼长，这种权变在很大程度上与社会文化和人格品德关系密切。[②]

回到"权利政治"与"责任政治"的比较可以发现，儒家整体

[①] 在绝大多数情况下，有美德的人与遵守规则的人很可能会做出相同选择。只不过具有美德的人在没有任何制度指导的情况下，依然会自然而然地做出正确选择，并且从中感受到乐趣。参见黄勇《当代美德伦理——古代儒家的贡献》，东方出版中心2019年版，第7页。

[②] Jane Mansbridge, "A Contingency Theory of Accountability", in Mark Bovens, Robert E. Goodin and Thomas Schillemans, ed., *The Oxford Handbook of Public Accountability*, Oxford University Press, 2014, p. 62.

虽表现出一种责任政治观，但其并不拒斥关于权利的相关讨论，只不过在儒家这里，权利并不是绝对的，而是与群体善相容，且在必要的时候应该服务于群体善。从这个视角看，儒家并不拒斥规则的作用，而是不将规则视作一切行为的价值准绳。

儒家使我们注意到，若一个治理体系的制度设计极其严谨与精细，但若公职人员缺乏对人民福祉和公共利益的责任担当，则治理仍然难言有效；相应地，在理想状态下，一个政治共同体中的公职人员具有履职履责的责任心足以导出有效治理，但在非理想的情况下，制度仍然是有效治理的一个必要条件。从这个视角出发，如何兼容美德和规则，就成为有效治理相关讨论所需要重点关注的理论议题。

培养为政者"先天下之忧而忧，后天下之乐而乐"的道德自觉和担当意识是儒家政治伦理的首要关切。但孔子直到七十岁才能做到"从心所欲不逾矩"[①]，这表明儒家理想与社会现实之间存在张力。因此，儒家不仅重视为政者的道德修为，还试图通过进谏、起义乃至暴力战争等手段来对他们进行问责。

一 儒家政治伦理对国家治理的理论启示

通过比较儒家与当代西方治理体系中的代表和问责机制，以及儒家代表和问责机制在历史上的效用，儒家政治伦理显然为政治代表和政治问责提供了一种全新的选项。在儒家语境中，代表和问责制的运作主要依赖于预先确立的社群美德和成员的道德培养，而非适用于全体公民的法律和制度。然而，尽管儒家和西方代表与问责模式的理论

---

① 《论语·为政》。

基础存在很大差异，但二者进行建设性对话的空间仍然存在。为了适应不断变化的世界，儒家政治伦理迫切需要在不放弃其核心价值的情况下进行创造性转变，而基于规则的一般问责制形式也可能在保留自身核心价值的基础上，从政治共同体的伦理关系改善中获得增量的治理成效。

对儒家而言，儒家代表制和问责制的存在不仅挑战了自由民主政治对这些概念的垄断，而且在一定程度上解释了东亚儒家社会不断进行自我调适，并实现长期发展的原因。虽然儒家政治伦理中并未明确给出代表和问责的概念，但为政者实行仁政和关注人民精神和物质福祉的道德责任却牢牢扎根于儒家思想中。这种代表和问责机制的运作建立在儒家社群所有成员都共享的一套道德标准之上，无论其社会和政治地位如何。在儒家政治伦理中，为政者所承担的公共角色内在地蕴含一系列道德标准，这使为政者受到来自其角色的道德压力，迫使他们按照社会认可的规范行事，去代表民众的利益，并对自身行为负责。否则，不道德的行为会削弱甚至损害他作为合法的或"好"的为政者的声誉。此外，道德责任还严重依赖为政者作为道德主体的良知。无论一个人从事何种职业，他都遵守这些职业（角色）所要求的伦理规范。在外部约束和内部道德律令的双重压力下，为政者将在道德上对自己以及政治共同体的其他成员负责。可以说，代表民众福祉以及追究公职人员责任的思想在儒家传统中已经存在了数千年。因此，仅仅将代表和问责视为一种西方的政治叙事，并认为其与中国话语格格不入的观点是错误的。尽管儒家的代表和问责以共同体的道德基准而非个人权利和相关制度设计为基础，但它在历史上对维护中国政治和社会的稳定仍然发挥了重要作用。

当然，儒家的代表和问责理念在当代的创造性发展需要借鉴已有治理机制中的优点。以问责制为例，由于统治者对自身行为进行解释的动力主要出于自愿，与制度化的民主问责制相比，儒家的问责路径有效性存在不确定性。尽管儒家的问责制可能比没有这种道德体系的情况下为社会提供更多的合法性，但对被问责方的控制水准仍然低于该体系适当制度化后所可能达到的水平。从新制度主义视角来看，与正式制度相比，自愿的动机往往无法提供令人满意的公共产品。[①] 这一点对于儒家政治代表的讨论同样适用。

因此，建立相应的政治制度必须被视为儒家代表和问责制在当代发展的优先事项。这不仅提高了代表和问责的有效性，还避免了可能因自愿行为而造成的效率损失。安靖如从牟宗三的"良知自我坎陷"思想中汲取灵感，提出了一种进步儒学思想，其中包括圣王统治者在内的所有人都应受法律约束。[②] 安靖如的提议在理论上可能与儒家的贤王理想相矛盾，即圣王统治者不应服从除自己以外的任何其他权威。然而，问责概念本身预设了公权力必然犯错的前提，这意味着政治责任需要将圣王统治视为一种永远无法实现的理想，进而需要正视政府往往存在缺陷这一现实。因此，制度建设与儒家代表和问责理念并不矛盾，而是儒家代表和问责在现代发展的内在要求。此外，与单纯依靠自愿性的道德相比，制度安排可以更好地保障人民的政治权利。在"良知自我坎陷"的基础上，代表方与被代表方、问责方和被问责方之间的关系似乎比传统形式更加平衡。此外，为了避免依靠道德而缺乏强制性这一情况，儒家道德问责需要发展出一套制度化的惩

[①] Vincent Ostrom and Elinor Ostrom, "Public Goods and Public Choices", in Michael McGinnis, eds., *Polycentricity and Local Public Economies: Readings from the Workshop in Political Theory and Policy Analysis*, Ann Arbor: University of Michigan Press, 1999.

[②] Stephen C. Angle, *Contemporary Confucian Political Philosophy*, Cambridge: Polity Press, 2012.

罚机制，以阻止统治者和公职人员的腐败。

二 儒家政治伦理对西方治理的理论启示

以道德为基础的儒家政治伦理需要提升其现代性基础，如发展出能够容纳规则，甚至是提升规则有效性的价值体系，以作为其创造性转型的一部分，而以规则为导向的治理机制同样可以从道德问责中汲取灵感，来发展其伦理规范和价值。

对于当代西方治理体系而言，其面临的主要理论问题来自于自身的原子式自由主义哲学基础，及其在实践中所面临的"多手"和"脏手"等问题。[1] 儒家的社群主义取向和充足的美德伦理资源可以丰富基于自由主义思潮的抽象道德原则。尽管斯蒂芬·马塞多（Stephen Macedo）等学者尝试从自由主义中挖掘美德观念，但这些德目仍然无法为当代西方治理体系提供一个可操作的改进方案。[2] 而分享众多社群主义假设的儒家则提供了一个在理论上和实践上的体系外选项。[3] 例如，关于儒家完善论的辩论[4]挑战了自由主义的国家中立性

---

[1] D. F. Thompson, *Restoring Responsibility*, Cambridge: Cambridge University Press, 2005.

[2] Harry N. Hirsch, "The Threnody of Liberalism Constitutional Liberty and the Renewal of Community", *Political Theory*, Vol. 14, 1986; John R. Wallach, "Liberals, Communitarians, and the Tasks of Political Theory", *Political Theory*, Vol. 15, 1987.

[3] Russell Arben Fox, "Confucian and Communitarian Responses to Liberal Democracy", *The Review of Politics*, Vol. 59, No. 3, 1997.

[4] 参见 Joseph Chan, *Confucian Perfectionism: A Political Philosophy for Modern Times*, Princeton: Princeton University Press, 2014; Sungmoon Kim, *Public Reason Confucianism: Democratic Perfectionism and Constitutionalism in East Asia*, Cambridge: Cambridge University Press, 2016。

思想，并倡导一系列由国家所支持的儒家美德，如孝道、社群感、归属感、尊老爱幼和社会和谐等。这并不意味着当代西方治理体系需要全面拥抱儒家的这些美德观念，相反，儒家在此处的启示是，一个政治共同体的发展需要依赖一套群体共享的美德观念以及相应的道德环境。唯有如此，才可能破除原子式自由主义所导致的现代国家与公民之间的松散感和疏离感。此外，一个基于美德的治理体系不仅可以补充，甚至在某种程度上可以有效替代问责机制，并生产社会信任。[1] 这也是帕帕多普洛斯（Y. Papadopoulos）所说的软性（道德）问责制的"附加价值"[2]。

此外，当代西方问责制度在关涉公共领域和私人领域交叉地带的实践问题上无法很好地提供处理方案，例如在涉及公职人员多角色冲突时，既无法简单地让私人问题压过公共事务，更不能让私人生活从属于公共行为。针对这一难题，诸多学者提出了几种折中的解决方案。与丹尼斯·汤普森（Dennis Thompson）提出的关于"多手"问题的制度性解决方案相比，基于美德的路径更值得认真研究。一个可能的折中办法是构建"公民道德"，使其公共生活和私人生活之间架起桥梁。[3] 诚然，当代西方学界亦强调行政人员作为"公民"和公民代表的角色，意在从理念上突出其与公民一体的感受，避免其行政角

---

[1] Jane Mansbridge, "A 'Selection Model' of Political Representation", *Journal of Political Philosophy*, Vol. 17, 2009; Jane Mansbridge, "A Contingency Theory of Accountability", in M. Bovens, R. E. Goodin and T. Schillemans, eds., *The Oxford Handbook Public Accountability*, Oxford, Oxford University Press, 2014.

[2] Yannis Papadopoulos, "Accountability and Multi-Level Governance: More Accountability, Less Democracy?", *West European Politics*, Vol. 33, 2010.

[3] Terry Cooper, *An Ethic of Citizenship for Public Administration*, Englewood Cliffs, NJ: Prentice Hall, 1991.

色之机械性和中立性，凸显其公共性和政治性，从而强化行政人员的责任。无奈这样美好的理念并不容易在西方行政实务界成为现实，因为该理念所建基其上的乃是悠长的个人主义文化传统，而非社群主义的文化实际，美国一些学者试图诉诸美国立国或更早时期尚存的例如清教社群主义传统，事实证明，这也只能是一厢情愿的追想罢了。另一种处理这个问题的方法是美德伦理的路径，其填补了功利主义和康德主义留下的空白。基于美德的方法与儒家美德伦理的思想产生了共鸣，即在特定情况下，正确的解决方案是一个有德行的人（一个真正的君子）所选择的处理办法。综合以上两种路径可以看出，无论是公民伦理还是美德伦理，它们都指向存在一个相对积极的公职人员形象，即他们是自律的有责任感的公仆，他们所遵循的是自身长期培养出来的道德义务，而非僵化的规则。

　　正如波文斯总结的那样，问责制有两个相互关联的面向：作为美德的问责和作为机制的问责。制度和美德都有助于引导建立负责任的政府。责任美德和问责制度并不相互矛盾，而是实现有效治理的互补模式。儒家责任伦理强调了为政者和民众之间的相互关怀，将集体福祉置于为政者的个人利益之前，并依靠道德美德使他们在行使权力时能够心甘情愿地乐于为集体做贡献。同时，在美德的基础上引入制度成分，可能会形成一种混合式的责任模式。然而，鉴于美德与制度在混合模式中可能存在的紧张关系，这种混合治理模式的实用性还有待实证研究加以确认。同时还应注意到，这种混合治理模式有其赖以生存的社会和文化环境，即具有儒家文化传统可能是这种模式赖以起效的关键所在。当前，东亚地区或许是检验该混合治理模式有效性的最佳对象。

◇ 第二节　儒家政治伦理的现实启示与反思

从当代西方治理角度来看，西方国家的治理体系虽未忽视行政人员美德的功用，但其赖以有效运转的根基仍是政治制度。基于规则的治理系统往往将"人"或公职人员抽象为科层体系中的机械角色，限制了政治美德的起效空间。尽管实务界和理论界对行政美德的作用进行了一定的讨论，但相较于占主流地位的制度建设而言，美德在当代西方治理体系中始终处于次要地位，更多被视作一种"锦上添花"的增量成分。

之所以美德在西方治理体系中处于边缘地位，是因为该体系所建基其上的乃是悠长的个人主义和理性主义文化传统。从理论上看，基于这些基本价值和理念所构建出来的政治制度不仅可以自我完善，还可为治理提供稳定的预期，进而确保治理的有效性，因而被广为接受。但在治理实践中，制度在制定和执行的各个环节均表现出一定局限性，且制度建设往往落后于现实实践需求。例如，行政人员若缺乏对规则的深刻理解，则可能导致执行中的循规蹈矩或教条主义等问题，有损治理有效性；而在前沿技术领域，部分新兴公共事务通常表现出高度复杂性，而治理这些问题通常面临无规则可依的情况，导致有效治理面临"制度赤字"。

相较而言，强调"徒善不足以为政，徒法不能以自行"的儒家政治伦理并未将规则放在首要位置，而是更为强调为政者美德在提升治理有效性中的核心地位，凸显了"人"在处理复杂的事务和伦理关系中的重要作用。同时，在儒家视域中，一个好的政治共同体是一种道德共同体。有效治理的目标是使成员通过群体共享的伦理规范联系在一起，展现出一种君民亲爱、同感共情的主体间性。这与西方政治理论试图用规则和制度构建治理框架，并以是否能够实现既定政策目标来评判治理有效性的路径存在根本性的不同。换句话说，儒家视野中的"有效治理"概念与当代西方对"有效治理"的理解存在较大差异。这一差异一方面源自二者关于何为理想政治生活和"社会正义"的不同理解，另一方面又体现为二者在实现有效治理上所选择的不同路径。

在儒家中，美德不是点缀，而是和制度一样是基础性的。我们讨论儒家，更多是通过儒家的视角，来为有效治理提供一种本土化的美德资源，服务于当下中国行政的理论发展和实践进步。从儒家对有效治理的界定和实现路径来看，儒家对政治生活的理解与社群主义旨趣相似，他们重视伦理生活的美好一面，虽然并不拒斥制度建设，但更强调政治共同体的道德属性，倡导社群生活应该是一种能够获得道德发展和亲近情感的人类交往与群体发展，而不是在制度的框架下各行其是，日渐疏离。通过儒家的视角，我们需要认识到，离开社群感和关怀感的治理体系和制度设计，都难以实现一种善治的理想，因此有必要在治理实践中将制度与美德结合起来，通过内在和外在两方面发力，方可做到既仰望星空，又脚踏实地实现真正的有效治理。

以德为本的儒家政治伦理虽然预设了一个美好的公共生活愿景，但在实践中，儒家需要从现代西方关于治理的制度设计中挖掘其可供借鉴之处，以实现自身的创造性转化。同样，以代表制和问责制为基础的当代西方治理体系需要构建一个超越于权利主张的责任体系，并为自身政治制度提供信任增量，提升个体对于社群和国家的归属感。

在儒家看来，基于制度规训"免而无耻"的社群生活过于表面。儒家政治伦理在此处所能提供的实践启示就是，社群所共享的一套关于善和好生活的观念是培育公民和为政者责任心的温床,这些观念在儒家中表现为一种为政者富有责任心、官民相互信任、人人"有耻且格"、生活富足和满的理想。在这种共享善观念的引导下,培育责任心与建章立制就会处于一种良性的循环当中;而一旦脱离这些善观念,责任心就会成为无源之水无本之木,制度建设中的缺陷将进一步暴露,治理有效性也会大打折扣。在中国基层行政实践中,常常涌现出官民一体甚至爱民如子的感人事迹,因为基层或一线的行政人员与公众距离最近,最能够体会公众的需求,最容易认可所在社群的好生活观念,最有机会作为共同体的一员而委身其中并为此做出贡献,这在很大程度上激发了他们的责任心,也促进了基于情感而不是基于权利义务的彼此信任,因此可以导出好的治理。

同时,儒家政治伦理是基于共同善的,避免了在自由主义的话语体系中缘木求鱼,而中国治理实践,尤其是基层治理实践也在不断证明,儒家政治伦理所建基其上的社群主义理想在现实中依然是富有资源的,有待公共行政的理论和实践不断去挖掘和培育。如此说来,儒家政治伦理就更有可能避免单从外在的规则和法律维度发力而难以解决避责问题。换言之,唯有发自内心的责任感,才能使冷冰冰的制度展现出温度和生命力,才有望进一步提升治理的有效性。

从反思视角看,儒家政治伦理需要对"人民"的角色进行创造性发展。早期儒家,尤其是孟子,并没有赋予人民明确的政治权利和地位。在孟子看来,虽然人民有得享物质和精神福祉的权利,但民众的意见在政治上是无足轻重的。[1] 基于这一点,对于儒家的政治制度而

---

[1] 从孟子的视角来看,尽管民众拥有同等的发展潜能,但最终的发展状况,从道德、智力、政治能力等方面看,始终都是不平等的。因此,儒家所可能接受的普遍权利,可能是极低限度的一种普遍权利,如基本的生存权。

言，为什么以及如何容纳个人权利是有争议的。同时，传统儒家政治伦理主要关注社群关键成员（统治者、大臣和士大夫等）的道德培养，而忽视了人民的道德发展潜能。人民的福祉虽然十分重要，但他们并不具备很强的道德主体性，其政治功能往往仅是对天命的反映或描述。在儒家看来，为政者，尤其是君主和臣子的道德发展的重要性要远高于民众。一旦那些关键成员不能预防和惩处腐败行为，那么在问责过程中就会面临"谁来守护我们的监护人"这个无法解决的问题。换句话说，儒家未能赋予人民作为政治后备机制（fallback apparatus）的权利。事实上，鉴于儒家思想认为人人在根本上是相似的，且具有相同的道德潜力，人民培养和提升自身道德自主性应被予以重视。正如陈素芬所主张的那样，尽管人民的政治参与可能造成一些问题，但将他们的参与视为一个学习过程，最终会提高他们监督公职人员的能力。它还可以通过"参与者相互提供相互合理的理由"来产生一种审议形式的问责制。[①] 这样，人民的道德培养为构建"儒家公民"的概念提供了基础。当然，这一议题仍有待在后续阶段进行进一步讨论。

[①] Sor Hoon Tan, "Early Confucian Concept of Yi (议) and Deliberative Democracy", *Political Theory*, Vol. 42, 2014, pp. 98 - 99.

参考文献

中文文献

《大学》。

《礼记》。

《汉书·文帝纪》。

《论语》。

《孟子》。

《欧阳文忠公文集》。

《涑水记闻》。

《唐会要》，中华书局1955年版。

安靖如：《责任心是美德吗？——美德伦理学视域下重思孔孟荀的主张》，马俊译，《文史哲》2019年第6期。

白彤东：《旧邦新命——古今中西参照下的古典儒家政治哲学》，北京大学出版社2009年版。

贝淡宁：《从"亚洲价值观"到"贤能政治"》，李扬眉译，《文史哲》2013年第3期。

陈来：《古代宗教与伦理：儒家思想的根源》，北京大学出版社 2017 年版。

邓小南：《祖宗之法：北宋前期政治述略》，生活·读书·新知三联书店 2006 年版。

干春松：《制度化儒家及其解体》，中国人民大学出版社 2012 年版。

郭齐勇：《儒家伦理争鸣集——以"亲亲相隐"为中心》，湖北教育出版社 2004 年版。

何怀宏：《选举社会及其终结：秦汉至晚清历史的一种社会学阐释》，生活·读书·新知三联书店 1998 年版。

黄勇：《当代美德伦理——古代儒家的贡献》，东方出版中心 2019 年版。

黄勇：《儒家政治哲学的若干前沿问题》，《华东师范大学学报》（哲学社会科学版）2020 年第 3 期。

贾志扬：《宋代科举》，东大图书公司 1995 年版。

蒋庆：《再论政治儒学》，华东师范大学出版社 2011 年版。

瞿同祖：《中国法律与中国社会》，中华书局 1981 年版。

李弘祺：《宋代官学教育与科举》，联经出版公司 1994 年版。

李景汉：《定县社会概况调查》，上海人民出版社 2005 年版。

李明辉：《存心伦理学、责任伦理学与儒家思想》，《浙江学刊》2002 年第 5 期。

李明辉：《儒家视野下的政治思想》，北京大学出版社 2005 年版。

李泽厚：《中国古代思想史论》，人民出版社 1985 年版。

李泽厚：《中国思想史论》，安徽文艺出版社 1999 年版。

梁漱溟：《中国文化要义》，上海人民出版社 2011 年版。

梁治平：《为政：古代中国的致治理念》，生活·读书·新知三联书店

2020年版。

刘海峰、李兵：《中国科举史》，东方出版中心2021年版。

刘厚琴：《儒学与汉代社会》，齐鲁书社2002年版。

刘述先：《儒家思想与现代化》，中国广播电视出版社1992年版。

刘泽华：《先秦士人与社会》，天津人民出版社2004年版。

牟宗三：《政道与治道》，台湾学生书局1991年版。

倪星、王锐：《权责分立与基层避责：一种理论解释》，《中国社会科学》2018年第5期。

潘维：《中国模式：解读人民共和国的60年》，中央编译出版社2009年版。

钱存训等：《中国科学技术史：化学及相关技术》（第一分册　纸和印刷），科学出版社1990年版。

钱穆：《中国历代政治得失》，九州出版社2012年版。

任剑涛：《政治伦理：个人美德，或是公共道德》，《伦理学研究》2005年第1期。

田史丹：《作为"后备机制"的儒家权利》，载梁涛《美德与权利：跨文化视域下的儒学与人权》，中国社会科学出版社2015年版。

涂可国：《儒家责任伦理考辨》，《哲学研究》2017年第12期。

汪荣祖：《西方史家对所谓"儒家史学"的认识与误解》，《台大历史学报》2001年第1期。

王云萍：《儒家伦理与情感》，《哲学研究》2007年第3期。

吴先伍：《超越义务：儒家责任伦理辨析》，《道德与文明》2018年第3期。

谢文郁：《权利政治与责任政治》，《文史哲》2016年第1期。

徐复观：《两汉思想史：周秦汉政治社会结构之研究》，华东师范大学出版社2001年版。

许兆昌：《先秦史官的制度与文化》，黑龙江人民出版社2006年版。

张明澍：《中国人想要什么样的民主》，社会科学文献出版社2013年版。

张鸣：《中国政治制度史导论》，中国人民大学出版社2004年版。

张星久：《中国古代官僚制度的自主性分析》，《政治学研究》1997年第4期。

张星久：《中国君主专制政体下的君权与相权冲突问题——兼论官僚组织与君主专制制度的关系》，《求索》1998年第2期。

张岩：《从部落文明到礼乐制度》，上海三联书店2004年版。

赵纪彬著，李慎仪编：《困知二录》，中华书局1991年版。

朱俊林：《儒家责任伦理及其现代反思》，《道德与文明》2014年第6期。

英文文献

A. S. Cua, *Dimensions of Moral Creativity：Paradigms, Principles, and Ideals*, London：The Pennsylvania State University Press, 1978.

A. S. Cua, "Junzi (Chun-Tzu)：The Moral Person", in A. S. Cua, eds., *Encyclopedia of Chinese Philosophy*, Abingdon：Routledge, 2003.

A. S. Cua, "Virtues of Junzi", *Journal of Chinese Philosophy*, Vol. 34, No. 1, 2007.

A. T. Nuyen, "Confucian Ethics as Role-Based Ethics", *International Philosophical Quarterly*, Vol. 47, No. 3, 2007.

A. T. Nuyen, "Confucianism and the Idea of Citizenship", *Asian Philoso-*

phy, Vol. 12, No. 2, 2002.

A. T. Nuyen, "Confucianism, the Idea of Min-Pen, and Democracy", *Copenhagen Journal of Asian Studies*, Vol. 14, 2000.

Adam Przeworski, "Minimalist Conception of Democracy: A Defense", in Ian Shapiro and Casiano Hacker-Cordon, eds., *Democracy's Value*, Cambridge: Cambridge University Press, 1999.

Adam Przeworski, et al., "Election and Representation", in Adam Przeworski, Susan C. Stokes and Bernard Manin, eds., *Democracy, Accountability, and Representation*, Cambridge: Cambridge University Press, 1999.

Adrian Oldfield, "Citizenship: An Unnatural Practice?", *The Political Quarterly*, Vol. 61, No. 2, 1990.

Alan Gewirth, *Reason and Morality*, Chicago: University of Chicago Press, 1978.

Alan S. Kahan, *Aristocratic Liberalism: The Social and Political Thought of Jacob Burckhardt, John Stuart Mill, and Alexis De Tocqueville*, New York: Oxford University Press, 1992.

Alan T. Wood, *Limits to Autocracy: From Sung Neo-Confucianism to a Doctrine of Political Rights*, Honolulu: University of Hawai'i Press, 1995.

Alasdair MacIntyre, *Whose Justice? Which Rationality*, Notre Dame: University of Notre Dame Press, 1988.

Albert H. Y. Chen, "Is Confucianism Compatible with Liberal Constitutional Democracy?", *Journal of Chinese Philosophy*, Vol. 34, No. 2, 2007.

Alessandra Bonfiglioli and Gino Gancia, "Uncertainty, Electoral Incentives and Political Myopia", *The Economic Journal*, Vol. 123, No. 568, 2013.

Alexandrer Hamilton, et al., *The Federalist Papers: Alexandrer Hamilton, James Madison and John Jay*, New York: Palgrave Macmillan, 2009.

Alexis De Tocqueville, *Democracy in America*, New York: Library of America, 2004.

Ambrose Y. C. King, "State Confucianism and Its Transformation: The Restructuring of the State-Society Relation in Taiwan", in Wei Ming Tu, eds., *Confucian Traditions in East Asian Modernity: Moral Education and Economic Culture in Japan and the Four Mini-Dragons*, Cambridge: Harvard University Press, 1996.

Andreas Schedler, "Conceptualizing Accountability", in Larry Diamond, Marc F. Plattner and Andreas Schedler, eds., *The Self-Restraining State: Power and Accountability in New Democracies*, Boulder: Lynne Rienner Publishers, 1999.

Andrew J. Nathan, "A Discussion of Daniel A. Bell's the China Model: Political Meritocracy and the Limits of Democracy", *Perspectives on Politics*, Vol. 14, No. 1, 2016.

Andrew J. Nathan, "China: Getting Human Rights Right", *Washington Quarterly*, Vol. 20, No. 2, 1997.

Andrew Rehfeld, "Towards a General Theory of Political Representation", *Journal of Politics*, Vol. 68, No. 1, 2006.

Anthony Harold Birch, *Representation*, London: The Macmillan Press, 1972.

Arend Lijphart, *Patterns of Democracy: Government Forms and Performance in Thirty-Six Countries*, New Haven: Yale University Press, 2012.

Arthur Waley, *Three Ways of Thought in Ancient China*, New York: Routledge, 2005.

B. A. Ackerly, "Is Liberalism the Only Way toward Democracy? Confucianism and Democracy", *Political Theory*, Vol. 33, No. 4, 2005.

Baogang He, "A Discussion of Daniel A. Bell's the China Model: Political Meritocracy and the Limits of Democracy", *Perspectives on Politics*, Vol. 14, No. 1, 2016.

Baogang He, "Deliberative Culture and Politics: The Persistence of Authoritarian Deliberation in China", *Political Theory*, Vol. 42, 2014.

Baogang He, "Four Models of the Relationship between Confucianism and Democracy", *Journal of Chinese Philosophy*, Vol. 37, 2010.

Benjamin A. Elman, "A Society of Motion: Unexpected Consequences of Political Meritocracy in Late Imperial China", in Daniel A. Bell and Chenyang Li, eds., *The East Asian Challenge for Democracy: Political Meritocracy in Comparative Perspective*, New York: Cambridge University Press, 2013.

Benjamin A. Elman, *A Cultural History of Civil Examinations in Late Imperial China*, London: University of California Press, 2000.

Benjamin Isadore Schwartz, *The World of Thought in Ancient China*, Cambridge: Harvard University Press, 1985.

Benjamin R. Barber, *Strong Democracy: Participatory Politics for a New Age*, London: University of California Press, 2003.

Bernard Manin, *The Principles of Representative Government*, Cambridge:

Cambridge University Press, 1997.

Betty Yung, "Can Confucianism Add Value to Democracy Education?", *Procedia: Social and Behavioral Sciences*, Vol. 2, No. 2, 2010.

Bruce Bueno de Mesquita, et al., *The Logic of Political Survival*, Cambridge, MA: The MIT Press, 2003.

Carl J. Friedrich, "Public Policy and the Nature of Administrative Responsibility", in Carl J. Friedrich and E. Mason, eds., *Public Policy*, Cambridge: Harvard University Press, 1940.

Carles Boix and Milan W. Svolik, "The Foundations of Limited Authoritarian Government: Institutions, Commitment, and Power-Sharing in Dictatorships", *The Journal of Politics*, Vol. 75, No. 2, 2013.

Carol Gilligan, *In a Different Voice*, Cambridge: Harvard University Press, 1982.

Cecilia Wee, "Descartes and Mencius on Self and Community", *Journal of Chinese Philosophy*, Vol. 29, No. 2, 2002.

Chaibong Hahm, "The Ironies of Confucianism", *Journal of Democracy*, Vol. 15, No. 3, 2004.

Charles Taylor, *Sources of the Self: The Making of the Modern Identity*, Massachusetts: Harvard University Press, 1989.

Cheng F. Zhang, "Public Administration in China", in Miriam K. Mills and Stuart S. Nagel, eds., *Public Administration in China*, Westpoint: Greenwood Pub Group, 1993.

Chenyang Li, "Confucian Value and Democratic Value", *The Journal of Value Inquiry*, Vol. 31, No. 2, 1997.

Chenyang Li, "Equality and Inequality in Confucianism", *Dao*, Vol. 11,

No. 3, 2012.

Christopher Pollitt, *The Essential Public Manager*, Berkshire: Open University Press/McGraw-Hill, 2003.

Craig K. Ihara, "Are Individual Rights Necessary? A Confucian Perspective", in Kwong-loi Shun and David B. Wong, eds., *Confucian Ethics: A Comparative Study of Self, Autonomy, and Community*, Cambridge: Cambridge University Press, 2004.

D. W. Y. Kwok, "Of the Rites and Rights of Being Human", in W. T. De Bary and Wei Ming Tu, eds., *Confucianism and Human Rights*, New York: Columbia University Press, 1998.

Dae Jung Kim, "Is Culture Destiny? The Myth of Asia's Anti-Democratic Values", *Foreign Affairs*, Vol. 73, No. 6, 1994.

Daniel A. Bell, "Just War and Confucianism: Implications for the Contemporary World", in Daniel A. Bell, eds., *Confucian Political Ethics*, Princeton: Princeton University Press, 2008.

Daniel A. Bell, "Toward Meritocratic Rule in China? A Response to Professors Dallmayr, Li, and Tan", *Philosophy East and West*, Vol. 59, No. 4, 2009.

Daniel A. Bell, *Beyond Liberal Democracy: Political Thinking for an East Asian Context*, Princeton, NJ: Princeton University Press, 2006.

Daniel A. Bell, *China's New Confucianism: Politics and Everyday Life in a Changing Society*, Princeton: Princeton University Press, 2010.

Daniel A. Bell, *East Meets West: Human Rights and Democracy in East Asia*, Princeton: Princeton University Press, 2000.

Daniel A. Bell, *The China Model: Political Meritocracy and the Limits of*

Democracy, Princeton: Princeton University Press, 2015.

Dario Castiglione and Mark E. Warren, "Rethinking Democratic Representation: Eight Theoretical Issues and a postscript", in Lisa Disch, Mathijs van de Sande, and Nadia Urbinati, eds., *The Constructivist Turn in Political Representation*, Edinburgh: Edinburgh University Press, 2019.

David B. Wong, "Rights and Community in Confucianism", in Kwong-loi Shun and David B. Wong, ed., *Confucian Ethics: A Comparative Study of Self, Autonomy, and Community*, Cambridge: Cambridge University Press, 2004.

David Elstein, "Why Early Confucianism Cannot Generate Democracy", *Dao*, Vol. 9, No. 4, 2010.

David Held, *Models of Democracy*, Cambridge: Polity, 2006.

David Judge, *Representation: Theory and Practice in Britain*, New York: Routledge, 1999.

David K. Hart, "Administration and the Ethics of Virtue", in Terry Cooper, eds., *Handbook of Administrative Ethics*, New York: CRC Press, 2000.

David L. Hall and Roger T. Ames, "A Pragmatist Understanding of Confucian Democracy", in Daniel A. Bell and Hahm Chaibong, eds., *Confucianism for the Modern World*, Cambridge: Cambridge University Press, 2003.

David L. Hall and Roger T. Ames, *Democracy of the Dead: Dewey, Confucius, and the Hope for Democracy in China*, Chicago: Open Court, 2000.

David L. Hall and Roger T. Ames, *Thinking through Confucius*, Albany:

SUNY Press, 1987.

David Plotke, "Representation Is Democracy", *Constellations*, Vol. 4, No. 1, 1997.

David Schaberg, "Remonstrance in Eastern Zhou Historiography", *Early China*, Vol. 22, 1997.

Demin Duan, "Reviving the Past for the Future?: The (in) Compatibility between Confucianism and Democracy in Contemporary China", *Asian Philosophy*, Vol. 24, No. 2, 2014.

Dennis F. Thompson, "Moral Responsibility of Public Officials: The Problem of Many Hands", *The American Political Science Review*, Vol. 74, 1980.

Dennis F. Thompson, "Representing Future Generations: Political Presentism and Democratic Trusteeship", *Critical Review of International Social and Political Philosophy*, Vol. 13, No. 1, 2010.

Dennis F. Thompson, *Restoring Responsibility*, Cambridge: Cambridge University Press, 2005.

Didier Caluwaerts and Min Reuchamps, "Strengthening Democracy through Bottom-up Deliberation: An Assessment of the Internal Legitimacy of the G1000 Project", *Acta Politica*, Vol. 50, No. 2, 2015.

Doh Chull Shin, *Confucianism and Democratization in East Asia*, Cambridge: Cambridge University Press, 2012.

Edward A. Kracke, "Family vs. Merit in Chinese Civil Service Examinations under the Empire", *Harvard Journal of Asiatic Studies*, Vol. 10, No. 2, 1947.

Edward Shils, "Reflections on Civil Society and Civility in the Chinese Intellectual Tradition", in Wei Ming Tu, eds., *Confucian Traditions in East Asian Modernity: Moral Education and Economic Culture in Japan and the Four Mini-Dragons*, Cambridge: Harvard University Press, 1996.

Elizabeth J. Perry, "Chinese Conceptions of 'Rights': From Mencius to Mao—and Now", *Perspectives on Politics*, Vol. 6, No. 1, 2008.

Enbao Wang and Regina Titunik, "Democracy in China: The Theory and Practice of Minben", in Shuisheng Zhao, eds., *China and Democracy: Reconsidering the Prospects for a Democratic China*, New York: Routledge, 2000.

Erin M. Cline, "Rawls, Rosemont, and the Debate over Rights and Roles", in Marthe Chandler and Ronnie Littlejohn, eds., *Polishing the Chinese Mirror: Essays in Honor of Henry Rosemont, Jr.*, New York: Global Scholarly Publications, 2008.

Fareed Zakaria, "Culture Is Destiny: A Conversation with Lee Kuan Yew", *Foreign Affairs*, Vol. 73, No. 2, 1994.

Francis Fukuyama, "Confucianism and Democracy", *Journal of Democracy*, Vol. 6, No. 2, 1995.

Francis Fukuyama, *The End of History and the Last Man*, London: Free Press, 1992.

Francis Fukuyama, *The Origins of Political Order: From Prehuman Times to the French Revolution*, London: Profile Books, 2011.

Francis Fukuyama, *Trust: The Social Virtues and the Creation of Prosperity*, New York: Free Press, 1995.

Frank Carr, "The Public Service Ethos: Decline and Renewal?", *Public

Policy and Administration, Vol. 14, No. 4, 1999.

Fred R. Dallmayr, "Confucianism and Liberal Democracy: Some Comments", *Dao*, Vol. 11, No. 3, 2012.

Gabriel A. Almond and Sidney Verba, *The Civic Culture: Political Attitudes and Democracy in Five Nations: An Analytical Study*, Princeton, NJ: Sage Publications, 1963.

Geoffrey Brennan and Alan Hamlin, "On Political Representation", *British Journal of Political Science*, Vol. 29, No. 1, 1999.

Gerald Dworkin, *The Theory and Practice of Autonomy*, Cambridge: Cambridge University Press, 1988.

Graham Smith, *Democratic Innovations: Designing Institutions for Citizen Participation*, Cambridge: Cambridge University Press, 2009.

Guillermo A. O'Donnell, "Horizontal Accountability in New Democracies", *Journal of Democracy*, Vol. 9, No. 3, 1998.

H. George Frederickson, *The Spirit of Public Administration*, San Francisco: Jossey-Bass Publishers 1997.

Hanna Fenichel Pitkin, "Representation and Democracy: Uneasy Alliance", *Scandinavian Political Studies*, Vol. 27, No. 3, 2004.

Hanna Fenichel Pitkin, *The Concept of Representation*, Berkeley: University of California Press, 1972.

Hao Chang, "The Intellectual Heritage of the Confucian Ideal of Chin Shih", in Wei Ming Tu, eds., *Confucian Traditions in East Asian Modernity: Moral Education and Economic Culture in Japan and the Four Mini-Dragons*, Cambridge: Harvard University Press, 1996.

Harry Eckstein, "Congruence Theory Explained", in H. Eckstein, F. J.

Fleron, E. P. Hoffmann Jr and W. M. Reisinger, eds., *Can Democracy Take Root in Post-Soviet Russia? Explorations in State-Society Relations*, Lanham, MD, Rowman & Littlefield, 1998.

Harry N. Hirsch, "The Threnody of Liberalism Constitutional Liberty and the Renewal of Community", *Political Theory*, Vol. 14, 1986.

Henry E. McCandless, *A Citizen's Guide to Public Accountability: Changing the Relationship between Citizens and Authorities*, Victoria BC: Trafford, 2001.

Henry Jr. Rosemont, "Why Take Rights Seriously? A Confucian Critique", in Leroy S. Rouner, eds., *Human Rights and the World's Religions*, Notre Dame: University of Notre Dame Press, 1988.

Henry Jr. Rosemont, "Rights-Bearing Individuals and Role-Bearing Persons", in Mary I. Bockover, eds., *Rules, Rituals, and Responsibility: Essays Dedicated to Herbert Fingarette*, La Salle, Open Court, 1991.

Henry Rosemont and Roger T. Ames, *The Analects of Confucius: A Philosophical Translation*, New York: Ballantine, 1998.

Herbert Fingarette, *Confucius: The Secular as Sacred*, Long Grove: Waveland Press, 1998.

Herman Finer, "Administrative Responsibility in Democratic Government", *Public Administration Review*, Vol. 1, 1941.

Herrlee G. Creel, "The Beginnings of Bureaucracy in China: The Origin of the Hsien", *The Journal of Asian Studies*, Vol. 23, No. 2, 1964.

Hong Xiao and Chenyang Li, "China's Meritocratic Examinations and the Ideal of Virtuous Talents", in Daniel A. Bell and Chenyang Li, eds., *The East Asian Challenge for Democracy: Political Meritocracy in Comparative Perspective, New York: Cambridge University Press, 2013.

Hong Yung Lee, From Revolutionary Cadres to Party Technocrats in Socialist China, Berkeley: University of California Press, 1991.

Iona Man Cheong, Class of 1761: Examinations, State, and Elites in Eighteenth-Century China, Stanford: Stanford University Press, 2004.

Iris Marion Young, "Polity and Group Difference: A Critique of the Ideal of Universal Citizenship", Ethics, Vol. 99, No. 2, 1989.

J. J. Linz, The Breakdown of Democratic Regimes: Crisis, Breakdown and Reequilibration. An Introduction, Baltimore: Johns Hopkins University Press, 1978.

James Buchanan and Richard Wagner, Democracy in Deficit, New York: Academic Press, 1977.

James D. Fearon, "Electoral Accountability and the Control of Politicians: Selecting Good Types Versus Sanctioning Poor Performance", in Adam Przeworski, Susan C. Stokes and Bernard Manin, eds., Democracy, Accountability, and Representation, New York: Cambridge University Press, 1999.

James E. Alt and David Dreyer Lassen, "Transparency, Political Polarization, and Political Budget Cycles in OECD Countries", American Journal of Political Science, Vol. 50, No. 3, 2006.

Jane Mansbridge, "Altruistic Trust", in Mark E. Warren, eds., Democracy and Trust, Cambridge: Cambridge University Press, 1999.

Jane Mansbridge, "A Contingency Theory of Accountability", in M. Bovens, R. E. Goodin and T. Schillemans, eds., The Oxford Handbook Public Accountability, Oxford: Oxford University Press, 2014.

Jane Mansbridge, "A 'Selection Model' of Political Representation", *Journal of Political Philosophy*, Vol. 17, 2009.

Jane Mansbridge, "Rethinking Representation", *American Political Science Review*, Vol. 97, 2003.

Jean-Jacques Rousseau, *Rousseau: 'The Social Contract' and Other Later Political Writings*, Cambridge: Cambridge University Press, 2006 [1762].

Jeffrey S. Luke and David W. Hart, "Character and Conduct in the Public Service", in Terry Cooper, eds., *Handbook of Administrative Ethics*, New York: Marcel Dekker, 2001.

Jeremy Waldron, "When Justice Replaces Affection: The Need for Rights", *Harvard Journal of Law and Pubulic Policy*, Vol. 11, 1988.

Jidong Chen, et al., "Sources of Authoritarian Responsiveness: A Field Experiment in China", *American Journal of Political Science*, Vol. 60, No. 2, 2016.

Jiyuan Yu, "Virtue: Confucius and Aristotle", *Philosophy East and West*, Vol. 48, No. 2, 1998.

John Benson, "Who is the Autonomous Man?", *Philosophy*, Vol. 58, No. 223, 1983.

John Ferejohn, "Incumbent Performance and Electoral Control", *Public Choice*, Vol. 50, No. 1, 1986.

John Locke, *Two Treatises of Government*, Cambridge: Cambridge University Press, 1988 [1690].

John Makeham, *Lost Soul: "Confucianism" in Contemporary Chinese Academic Discourse*, Cambridge: Harvard University Press, 2008.

John R. Wallach, "Liberals, Communitarians, and the Tasks of Political Theory", *Political Theory*, Vol. 15, 1987.

John Rawls, *A Theory of Justice*, Cambridge: The Belknap Press, 1999.

John Stuart Mill, *Three Essays: On Liberty, Representative Government, the Subjection of Women*, Oxford: Oxford University Press, 1976.

John Tomasi, "Individual Rights and Community Virtues", *Ethics*, Vol. 101, No. 3, 1991.

Jongryn Mo, "The Challenge of Accountability: Implications of the Censorate", in D. A. Bell and Hahm Chaibong, eds., *Confucianism for the Modern World*, New York: Cambridge University Pres, 2003.

Joseph A. Schumpeter, *Capitalism, Socialism and Democracy*, London: Routledge, 2013.

Joseph Chan, "Confucian Attitudes toward Ethical Pluralism", in Daniel A. Bell, eds., *Confucian Political Ethics*, Princeton: Princeton University Press, 2010.

Joseph Chan, "A Confucian Perspective on Human Rights for Contemporary China", in Joanne R. Bauer and D. A. Bell, eds., *The East Asian Challenge for Human Rights*, Cambridge: Cambridge University Press, 1999.

Joseph Chan, "Democracy and Meritocracy: Toward a Confucian Perspective", *Journal of Chinese Philosophy*, Vol. 34, No. 2, 2007.

Joseph Chan, "Moral Autonomy, Civil Liberties, and Confucianism", *Philosophy East and West*, Vol. 52, No. 3, 2002.

Joseph Chan, "Political Meritocracy and Meritorious Rule: A Confucian Perspective", in Daniel A. Bell and Chenyang Li, eds., *The East Asian*

Challenge for Democracy: *Political Meritocracy in Comparative Perspective*, New York: Cambridge University Press, 2013.

Joseph Chan, *Confucian Perfectionism*: *A Political Philosophy for Modern Times*, Princeton: Princeton University Press, 2014.

Joseph R. Levensen, *Confucian China and Its Modern Fate*, Volume 3, Berkeley: University of California Press, 1968.

Joseph Wong, "A Discussion of Daniel A. Bell's the China Model: Political Meritocracy and the Limits of Democracy", *Perspectives on Politics*, Vol. 14, No. 1, 2016.

Julia Ching, *Mysticism and Kingship in China*: *The Heart of Chinese Wisdom*, Cambridge: Cambridge University Press, 1997.

Juntao Wang, "Confucian Democrats in Chinese History", in D. A. Bell and Hahm Chaibong, eds., *Confucianism for the Modern World*, Cambridge: Cambridge University Press, 2002.

Justin Tiwald, "A Right of Rebellion in the Mengzi?", *Dao*, Vol. 7, No. 3, 2008.

Justin Tiwald, "Confucianism and Human Rights", in Thomas Cushman, eds., *Handbook of Human Rights*, London: Routledge, 2011.

K. Faulks, *Citizenship*, London: Routledge, 2000.

Kaare Strøm, "Delegation and Accountability in Parliamentary Democracies", *European Journal of Political Research*, Vol. 37, No. 3, 2000.

Karen Celis, "Gendering Representation", in Gary Goertz and Amy G. Mazur, eds., *Politics, Gender, and Concepts*, London: Cambridge University Press, 2008.

Karen Celis, "On Substantive Representation, Diversity, and Responsiveness", *Politics & Gender*, Vol. 8, No. 4, 2012.

Karen Celis, et al., "Rethinking Women's Substantive Representation", *Representation*, Vol. 44, No. 2, 2008.

Keqian Xu, "Early Confucian Principles: The Potential Theoretic Foundation of Democracy in Modern China", *Asian Philosophy*, Vol. 16, 2006.

Kwang Sae Lee, "Some Confucianist Reflections on the Concept of Autonomous Individual", *Journal of Chinese Philosophy*, Vol. 21, 1994.

Larry Diamond, *Developing Democracy: Toward Consolidation*, Baltimore: JHU Press, 1999.

Leigh Jenco, "A Discussion of Daniel A. Bell's the China Model: Political Meritocracy and the Limits of Democracy", *Perspectives on Politics*, Vol. 14, No. 1, 2016.

Leonard Shihlien Hsü, *The Political Philosophy of Confucianism: An Interpretation of the Social and Political Ideas of Confucius, His Forerunners, and His Early Disciples*, New York: E. P. Dutton & Co., 1975.

Lily L. Tsai, *Accountability without Democracy: Solidary Groups and Public Goods Provision in Rural China*, Cambridge: Cambridge University Press, 2007.

Lisa Disch, "Toward a Mobilization Conception of Democratic Representation", *American Political Science Review*, Vol. 105, No. 1, 2011.

Lucian W. Pye, *Asian Power and Politics: The Cultural Dimensions of Authority*, Massachusetts: Harward University Press, 1985.

Luke Glanville, "Retaining the Mandate of Heaven: Sovereign Accountability in Ancient China", *Millennium-Journal of International Studies*,

Vol. 39, 2010.

Lynette H. Ong, "A Discussion of Daniel A. Bell's the China Model: Political Meritocracy and the Limits of Democracy", *Perspectives on Politics*, Vol. 14, No. 1, 2016.

Margaret Levi and Laura Stoker, "Political Trust and Trustworthiness", *Annual Review of Political Science*, Vol. 3, 2000.

Mark Bovens, "Public Accoubtability", in Ewan Ferlie, Laurence E. Lynn and Christopher Pollitt, eds., *The Oxford Handbook of Public Management*, New York: Oxford University Press, 2007.

Mark Bovens, "Analysing and Assessing Accountability: A Conceptual Framework", *European Law Journal*, Vol. 13, 2007.

Mark Bovens, "Two Concepts of Accountability: Accountability as a Virtue and as a Mechanism", *West European Politics*, Vol. 33, 2010.

Mark Bovens, *The Quest for Responsibility: Accountability and Citizenship in Complex Organisations*, Cambridge: Cambridge University Press, 1998.

Mark E. Warren, "Democratic Theory and Trust", in Mark E. Warren, eds., *Democracy and Trust*, Cambridge: Cambridge University Press, 1999.

Mark E. Warren, "Accountability and Democracy", in M. Bovens, R. E. Goodin and T. Schillemans, eds., *The Oxford Handbook Public Accountability*, Oxford: Oxford University Press, 2014.

Mark Philp, "Delimiting Democratic Accountability", *Political Studies*, Vol. 57, 2009.

Martin Gilens and Benjamin I. Page, "Testing Theories of American Politics: Elites, Interest Groups, and Average Citizens", *Perspectives on Politics*, Vol. 12, No. 3, 2014.

Mary I. Bockover, "Confucian Ritual as Body Language of Self, Society, and Spirit", *Sophia*, Vol. 51, No. 2, 2012.

Mathew D. McCubbins and Thomas Schwartz, "Congressional Oversight Overlooked: Police Patrols Versus Fire Alarms", *American Journal of Political Science*, Vol. 28, No. 1, 1984.

May Sim, "A Confucian Approach to Human Rights", *History of Philosophy Quarterly*, Vol. 21, No. 4, 2004.

May Sim, "Confucian Values and Human Rights", *The Review of Metaphysics*, Vol. 67, No. 1, 2013.

Melanie Manion, "Authoritarian Parochialism: Local Congressional Representation in China", *The China Quarterly*, Vol. 218, 2014.

Melanie Manion, "The Cadre Management System, Post-Mao: the Appointment, Promotion, Transfer and Removal of Party and State Leaders", *The China Quarterly*, Vol. 102, 1985.

Melissa S. Williams, *Voice, Trust, and Memory: Marginalized Groups and the Failings of Liberal Representation*, Princeton: Princeton University Press, 2000.

Melvin J. Dubnick, "Accountability as a Cultural Keyword", in M. Bovens, R. E. Goodin and T. Schillemans, eds., *The Oxford Handbook Public Accountability*, Oxford: Oxford University Press, 2014.

Melvin J. Dubnick, "Accountability and Ethics: Reconsidering the Relationships", *International Journal of Organization Theory and Behavior*, Vol. 6, No. 3, 2003.

Michael A. Slote, *From Morality to Virtue*, New York: Oxford University Press, 1992.

Michael Collins, "China's Confucius and Western Democracy", *Contemporary Review*, Vol. 290, No. 1689, 2008.

Michael D. Barr, "Lee Kuan Yew and the 'Asian Values' Debate", *Asian Studies Review*, Vol. 24, No. 3, 2000.

Michael Dunlop Young, *The Rise of the Meritocracy*, London: Transaction Books, 1967.

Michael Sandel, *Liberalism and the Limits of Justice*, Cambridge: Cambridge University, 1982.

Michael Saward, "Representation and Democracy: Revisions and Possibilities", *Sociology Compass*, Vol. 2, No. 3, 2008.

Michael Saward, "The Representative Claim", *Contemporary Political Theory*, Vol. 5, No. 3, 2006.

Michael Saward, *The Representative Claim*, Oxford: Oxford University Press, 2010.

Milan W. Svolik, "Power Sharing and Leadership Dynamics in Authoritarian Regimes", *American Journal of Political Science*, Vol. 53, 2009.

Mónica Brito Vieira and David Runciman, *Representation*, Cambridge: Polity Press, 2008.

Nadia Urbinati and Mark E. Warren, "The Concept of Representation in Contemporary Democratic Theory", *Annual Review of Political Science*, Vol. 11, 2008.

Nel Noddings, *The Maternal Factor: Two Paths to Morality*, Berkeley: University of California Press, 2010.

P. A. B. Clarke, *Citizenship*, London: Pluto Press, 1994.

P. Day and R. Klein, *Accountabilities: Five Public Services*, London: Tavistock, 1987.

Philip J. Ivanhoe, "Heaven's Mandate and the Concept of War in Early Confucianism", in Sohail H. Hashmi and Steven P. Lee, eds., *Ethics and Weapons of Mass Destruction: Religious and Secular Perspectives*, New York: Cambridge University Press, 2004.

Philip J. Ivanhoe, "Filial Piety as a Virtue", in Rebecca L. Walker and P. J. Ivanhoe, eds., *Working Virtue: Virtue Ethics and Contemporary Moral Problems*, Oxford: Oxford University Press, 2007.

Philip J. Ivanhoe, "The Shade of Confucius: Social Roles, Ethical Theory, and the Self", in Marthe Chandler and Ronnie Littlejohn, eds., *Polishing the Chinese Mirror: Essays in Honor of Henry Rosemont, Jr.*, New York: Global Scholarly Publications. 2008.

Philip Pettit, "Meritocratic Representation", in Daniel A. Bell and Chenyang Li, eds., *The East Asian Challenge for Democracy: Political Meritocracy in Comparative Perspective*, New York: Cambridge University Press, 2013.

Philippe C. Schmitter and Terry Lynn Karl, "What Democracy Is… And Is Not", *Journal of Democracy*, Vol. 2, No. 3, 1991.

Philippe C. Schmitter, "The Ambiguous Virtues of Accountability", *Journal of Democracy*, Vol. 15, No. 4, 2004.

Ping Ti Ho, *The Ladder of Success in Imperial China: Aspects of Social Mobility, 1368–1911*, New York: Columbia University Press, 1962.

Piotr Sztompka, "Trust, Distrust and Two Paradoxes of Democracy", European *Journal of Social Theory*, Vol. 1, No. 1, 1998.

Pippa Norris, *Critical Citizens: Global Support for Democratic Government: Global Support for Democratic Government*, Oxford: Oxford University Press, 1999.

Pippa Norris, *Digital Divide: Civic Engagement, Information Poverty, and the Internet Worldwide*, Cambridge: Cambridge University Press, 2001.

Qing Jiang, et al., *A Confucian Constitutional Order: How China's Ancient Past Can Shape Its Political Future*, Princeton: Princeton University Press, 2012.

R. D. Behn, *Rethinking Democratic Accountability*, Washington, DC: Brookings Institution Press, 2001.

R. Swedberg and O. Agevall, *The Max Weber Dictionary: Key Words and Central Concepts*, Princeton: Princeton University Press, 2005.

Randall P. Peerenboom, "What's Wrong with Chinese Rights?: Toward a Theory of Rights with Chinese Characteristics", *Harvard Human Rights Journal*, Vol. 6, 1993.

Ranjoo Seodu Herr, "Confucian Democracy and Equality", *Asian Philosophy*, Vol. 20, No. 3, 2010.

Richard Madsen, "Confucian Conceptions of Civil Society", in Daniel A. Bell, eds., *Confucian Political Ethics*, Princeton: Princeton University Press, 2010.

Richard Mulgan, "'Accountability': An Ever-Expanding Concept?", *Public Administration*, Vol. 78, No. 3, 2000.

Richard Mulgan, *Holding Power to Account: Accountability in Modern Democracies*, Houndmills: Palgrave Macmillan, 2003.

Richard Robison, "The Politics of 'Asian Values'", *The Pacific Review*, Vol. 9, No. 3, 1996.

Robert A. Dahl, *On Democracy*, London: Yale University Press, 2000.

Robert D. Putnam, et al., *Making Democracy Work: Civic Traditions in Modern Italy*, Princeton: Princeton University Press, 1994.

Robert Dahl, et al., *The Democracy Sourcebook*, Cambridge: MIT Press, 2003.

Robert Eno, *The Confucian Creation of Heaven: Philosophy and the Defense of Ritual Mastery*, Albany: SUNY Press, 1990.

Robert J. Barro, "The Control of Politicians: An Economic Model", *Public Choice*, Vol. 14, No. 1, 1973.

Robert M. Hartwell, "Demographic, Political, and Social Transformations of China, 750 – 1550", *Harvard Journal of Asiatic Studies*, Vol. 42, No. 2, 1982.

Robert Michels, *Political Parties: A Sociological Study of the Oligarchical Tendencies of Modern Democracy*, New York: Free Press, 1962.

Robert N. Bellah, et al., *Habits of the Heart: Individualism and Commitment in American Life*, Berkeley: University of California Press, 2007.

Robert P. Hymes, *Statesmen and Gentlemen: The Elite of Fu-Chou, Chiang-Hsi, in Northern and Southern Sung*, Cambridge: Cambridge University Press, 1986.

Roger T. Ames, *Confucian Role Ethics: A Vocabulary*, Honolulu: The University of Hawai'i Press, 2011.

Roger T. Ames, *The Art of Rulership: A Study of Ancient Chinese Political Thought*, Albany: State University of New York, 1994.

Ronald Inglehart, "Culture and Democracy", in Lawrence E. Harrison and Huntington Samuel P., eds., *Culture Matters: How Values Shape Human Progress*, New York: Basic Books, 2000.

Ronald Inglehart, *Modernization and Postmodernization: Cultural, Economic, and Political Change in 43 Societies*, Cambridge: Cambridge University Press, 1997.

Rupert H. Wilkinson, "The Gentleman Ideal and the Maintenance of a Political Elite: Two Case Studies: Confucian Education in the Tang, Sung, Ming and Ching Dynasties; and the Late Victorian Public Schools (1870–1914)", *Sociology of Education*, Vol. 37, No. 1, 1963.

Russell Arben Fox, "Confucianism and Communitarianism in a Liberal Democratic World", in Fred R. Dallmayr, eds., *Border Crossings: Toward a Comparative Political Theory*, New York: Lexington Books, 1999.

Russell Arben Fox, "Confucian and Communitarian Responses to Liberal Democracy", *The Review of Politics*, Vol. 59, No. 3, 1997.

Russell Hardin, "Do We Want Trust in Government?" in Mark E. Warren, eds., *Democracy and Trust*, Cambridge: Cambridge University Press, 1999.

Russell Hardin, "Representing Ignorance", *Social Philosophy and Policy*, Vol. 21, No. 1, 2004.

Ruth W. Grant and Robert O. Keohane, "Accountability and Abuses of Power in World Politics", *American Political Science Review*, Vol. 99, No. 1, 2005.

Samuel Edward Finer, *The History of Government from the Earliest Times:*

The Intermediate Ages, Oxford: Oxford University Press, 1997.

Samuel P. Huntington, *The Clash of Civilizations and the Remaking of World Order*, New York: Simon & Schuster, 1996.

Sara R. Jordan, "Accountability in Two Non-Western Contexts", in M. J. Dubnick and H. G. Frederickson, eds., *Accountable Governance: Problems and Promises*, New York: M. E. Sharpe, 2010.

Sean Gailmard, "Accountability and Principal – Agent Theory", in M. Bovens, R. E. Goodin and T. Schillemans, eds., *The Oxford Handbook Public Accountability*, Oxford: Oxford University Press, 2014.

Seung Hwan Lee, "Liberal Rights or/and Confucian Virtues?", *Philosophy East and West*, Vol. 46, No. 3, 1996.

Seung Hwan Lee, "Was There a Concept of Rights in Confucian Virtue-Based Morality?", *Journal of Chinese Philosophy*, Vol. 19, No. 3, 1992.

Seymour Martin Lipset, *Political Man: The Social Bases of Politics*, Baltimore: The Johns Hopkins University Press, 1960.

Shaohua Hu, "Confucianism and Western Democracy", *Journal of Contemporary China*, Vol. 6, No. 15, 1997.

Shefali V. Patil, et al., "Process Versus Outcome Accountability", in M. Bovens, R. E. Goodin and T. Schillemans, eds., *The Oxford Handbook Public Accountability*, Oxford: Oxford University Press, 2014.

Shmuel Noah Eisenstadt, *The Political Systems of Empires*, London: Free Press of Glencoe, 1963.

Shu Hsien Liu, *Understanding Confucian Philosophy: Classical and Sung-Ming*, Santa Barbara: Greenwood Press, 1998.

Simon Caney, "Sandel's Critique of the Primacy of Justice: A Liberal Rejoinder", *British Journal of Political Science*, Vol. 21, No. 4, 1991.

So Young Kim, "Do Asian Values Exist? Empirical Tests of the Four Dimensions of Asian Values", *Journal of East Asian Studies*, Vol. 10, No. 2, 2010.

Sor Hoon Tan, "Beyond Elitism: A Community Ideal for a Modern East Asia", *Philosophy East and West*, Vol. 59, No. 4, 2009.

Sor Hoon Tan, "Confucian Democracy as Pragmatic Experiment: Uniting Love of Learning and Love of Antiquity", *Asian Philosophy*, Vol. 17, No. 2, 2007.

Sor Hoon Tan, "Early Confucian Concept of Yi (议) and Deliberative Democracy", *Political Theory*, Vol. 42, 2014.

Sor Hoon Tan, *Confucian Democracy: A Deweyan Reconstruction*, Albany: SUNY Press, 2003.

Sor Hoon Tan, eds., *Challenging Citizenship: Group Membership and Cultural Identity in a Global Age*, London: Ashgate Publishing, 2005.

Ssu-Yü Teng, "Chinese Influence on the Western Examination System", *Harvard Journal of Asiatic Studies*, Vol. 7, No. 4, 1943.

Stephen B. Young, "The Orthodox Chinese Confucian Social Paradigm Versus Vietnamese Individualism", in W. H. Slote and G. A. De Vos, eds., *Confucianism and the Family*, Albany: SUNY Press, 1998.

Stephen C. Angle, *Contemporary Confucian Political Philosophy*, Cambridge: Polity Press, 2012.

Stephen C. Angle, *Sagehood: The Contemporary Significance of Neo-Confucian Philosophy*, Oxford: Oxford University Press, 2010.

Stephen Macedo, "Meritocratic Democracy: Learning from the American Constitution", in Daniel A. Bell and Chenyang Li, eds., *The East Asian Challenge for Democracy: Political Meritocracy in Comparative Perspective*, New York: Cambridge University Press, 2013.

Sumner B. Twiss, "A Constructive Framework for Discussing Confucianism and Human Rights", in William Theodore De Bary and Wei Ming Tu, eds., *Confucianism and Human Rights*, New York: Columbia University Press, 1998.

Sungmoon Kim, "The Anatomy of Confucian Communitarianism: The Confucian Social Self and Its Discontent", *The Philosophical Forum*, Vol. 42, No. 2, 2011.

Sungmoon Kim, "A Pluralist Reconstruction of Confucian Democracy", *Dao*, Vol. 11, No. 3, 2012.

Sungmoon Kim, "Confucian Citizenship? Against Two Greek Models", *Journal of Chinese Philosophy*, Vol. 37, No. 3, 2010.

Sungmoon Kim, "Confucian Constitutionalism: Mencius and Xunzi on Virtue, Ritual, and Royal Transmission", *The Review of Politics*, Vol. 73, No. 3, 2011.

Sungmoon Kim, "Confucianism, Moral Equality, and Human Rights: A Mencian Perspective", *American Journal of Economics and Sociology*, Vol. 74, No. 1, 2015.

Sungmoon Kim, "Public Reason Confucianism: A Construction", *American Political Science Review*, Vol. 109, No. 1, 2015.

Sungmoon Kim, "The Origin of Political Liberty in Confucianism: A Nietzschean Interpretation", *History of Political Thought*, Vol. 29, No. 3,

2008.

Sungmoon Kim, "The Secret of Confucian Wuwei Statecraft: Mencius's Political Theory of Responsibility", *Asian Philosophy*, Vol. 20, No. 1, 2010.

Sungmoon Kim, "To Become a Confucian Democratic Citizen: Against Meritocratic Elitism", *British Journal of Political Science*, Vol. 43, No. 3, 2012.

Sungmoon Kim, *Confucian Democracy in East Asia: Theory and Practice*, Cambridge: Cambridge University Press, 2014.

Sungmoon Kim, *Public Reason Confucianism: Democratic Perfectionism and Constitutionalism in East Asia*, Cambridge: Cambridge University Press, 2016.

Surain Subramaniam, "The Asian Values Debate: Implications for the Spread of Liberal Democracy", *Asian Affairs: An American Review*, Vol. 27, No. 1, 2000.

Suzanne Dovi, *The Good Representative*, Oxford: Blackwell Publishing, 2012.

T. Campbell, *Rights: A Critical Introduction*, London: Routledge, 2006.

Terry Cooper, *An Ethic of Citizenship for Public Administration*, Englewood Cliffs, NJ: Prentice Hall, 1991.

Thomas Humphrey Marshall, *Sociology at the Crossroads: And Other Essays*, London: Heinemann 1963.

Thomas Janoski, "Citizenship in China: A Comparison of Rights with the East and West", *Journal of Chinese Political Science*, Vol. 19, No. 4,

2014.

Thomas L. Pangle, "A Discussion of Daniel A. Bell's the China Model: Political Meritocracy and the Limits of Democracy", *Perspectives on Politics*, Vol. 14, No. 1, 2016.

Tin Bor Victoria Hui, "A Discussion of Daniel A. Bell's the China Model: Political Meritocracy and the Limits of Democracy", *Perspectives on Politics*, Vol. 14, No. 1, 2016.

Tomoki Kamo and Hiroki Takeuchi, "Representation and Local People's Congresses in China: A Case Study of the Yangzhou Municipal People's Congress", *Journal of Chinese Political Science*, Vol. 18, No. 1, 2013.

Tongdong Bai, "A Confucian Improvement of Democracy", *New Perspectives Quarterly*, Vol. 29, No. 1, 2012.

Tongdong Bai, "A Confucian Version of Hybrid Regime: How Does It Work, and Why Is It Superior?" in Daniel A. Bell and Chenyang Li, eds., *The East Asian Challenge for Democracy: Political Meritocracy in Comparative Perspective*, New York: Cambridge University Press, 2013.

Tongdong Bai, "A Mencian Version of Limited Democracy", *Res Publica*, Vol. 14, No. 1, 2008.

Tongdong Bai, "The Price of Serving Meat—on Confucius's and Mencius's Views of Human and Animal Rights", *Asian Philosophy*, Vol. 19, No. 1, 2009.

Victor Shih, et al., "Getting Ahead in the Communist Party: Explaining the Advancement of Central Committee Members in China", *American*

Political Science Review, Vol. 106, No. 1, 2012.

Vincent Ostrom and Elinor Ostrom, "Public Goods and Public Choices", in Michael McGinnis, eds., *Polycentricity and Local Public Economies: Readings from the Workshop in Political Theory and Policy Analysis*, Ann Arbor: University of Michigan Press, 1999.

Viren Murthy, "The Democratic Potential of Confucian Minben Thought", *Asian Philosophy*, Vol. 10, No. 1, 2000.

W. Scott Morton, "The Confucian Concept of Man: The Original Formulation", *Philosophy East and West*, Vol. 21, No. 1, 1971.

Warren E. Steinkraus, "Socrates, Confucius, and the Rectification of Names", *Philosophy East and West*, Vol. 30, No. 2, 1980.

Wei Ming Tu, "Epilogue", in Wei Ming Tu, eds., *Confucian Traditions in East Asian Modernity: Moral Education and Economic Culture in Japan and the Four Mini-Dragons*, Cambridge: Harvard University Press, 1996.

Wei Ming Tu, "A Confucian Perspective on the Rise of Industrial East Asia", *Bulletin of the American Academy of Arts and Sciences*, Vol. 42, No. 1, 1988.

Wei Ming Tu, *Confucian Ethics Today: The Singapore Challenge*, Singapore: Curriculum Development Institute of Singapore, 1984.

Will Kymlicka, *Contemporary Political Philosophy: An Introduction*, Oxford: Oxford University Press, 2002.

William D. Nordhaus, "The Political Business Cycle", *The Review of Economic Studies*, Vol. 42, No. 2, 1975.

William Theodore De Bary, "Introduction", in William Theodore De Bary and Wei Ming Tu, eds., *Confucianism and Human Rights*, New York: Columbia University Press, 1998.

William Theodore De Bary, *Asian Values and Human Rights: A Confucian Communitarian Perspective*, Cambridge: Harvard University Press, 1998.

William Theodore De Bary, *The Liberal Tradition in China*, Hong Kong: Chinese University Press, 1983.

William Theodore De Bary, *The Trouble with Confucianism*, London: Harvard University Press, 2009.

Xiaotong Fei, et al., *From the Soil, the Foundations of Chinese Society: A Translation of Fei Xiaotong's Xiangtu Zhongguo, with an Introduction and Epilogue*, Berkeley: University of California Press, 1992.

Xiaowei Zang, *Elite Dualism and Leadership Selection in China*, London: Routledge, 2003.

Xinzhong Yao, "Self-Constructionand Identity: The Confucian Self in Relation to Some Western Perceptions", *Asian Philosophy*, Vol. 6, No. 3, 1996.

Xinzhong Yao, *Wisdom in Early Confucian and Israelite Traditions*, Cornwall: Ashgate Publishing, Ltd., 2007.

Yannis Papadopoulos, "Accountability and Multi-Level Governance: More Accountability, Less Democracy?", *West European Politics*, Vol. 33, 2010.

Yiqing Xu and Yang Yao, "Informal Institutions, Collective Action, and

Public Investment in Rural China", *American Political Science Review*, Vol. 109, No. 2, 2015.

Yong Huang, "Confucianism and the Perfectionist Critique of the Liberal Neutrality: A Neglected Dimension", *Journal of Value Inquiry*, Vol. 49, No. 1 – 2, 2015.

Yu Tzung Chang, et al. , "Confucianism and Democratic Values in Three Chinese Societies", *Issues and Studies*, Vol. 41, No. 4, 2005.

Yung Myung Kim, " 'Asian-Style' Democracy: A Critique from East Asia", *Asian Survey*, Vol. 37, No. 12, 1997.

Yunping Wang, "Autonomy and the Confucian Moral Person", *Journal of Chinese Philosophy*, Vol. 29, No. 2, 2002.

Yunping Wang, "Confucian Ethics and Emotions", *Frontiers of Philosophy in China*, Vol. 3, No. 3, 2008.

Yuri Pines, "Between Merit and Pedigree: Evolution of the Concept of 'Evaluating the Worthy' in Pre-Imperial China", in Daniel A. Bell and Chenyang Li, eds. , *The East Asian Challenge for Democracy: Political Meritocracy in Comparative Perspective*, New York: Cambridge University Press, 2013.

Yuri Pines, "Political Mythology and Dynastic Legitimacy in the Rong Cheng Shi Manuscript", *Bulletin of the School of Oriental and African Studies*, Vol. 73, No. 3, 2010.

Yuri Pines, *Envisioning Eternal Empire: Chinese Political Thought of the Warring States Period*, Honolulu: University of Hawaii Press, 2009.

Yuri Pines, *The Everlasting Empire: The Political Culture of Ancient China and Its Imperial Legacy*, Princeton, NJ: Princeton University Press, 2012.

Yu-sheng Lin, "The Evolution of the Pre-Confucian Meaning of Jen (仁) and the Confucian Concept of Moral Autonomy", *Monumenta Serica*, Vol. 31, No. 1, 1974.

后　记

儒家政治思想是我在比利时布鲁塞尔自由大学攻读博士学位期间的一个重点研究方向。彼时的欧洲政治中心在将其进步、包容和文明的一面展现在世人面前的同时，也逐渐暴露出其内部日益激化的民粹主义、极端主义和反全球化势力对自身自由民主体系的挑战。相较而言，随着经济的快速发展，中国在推动国家治理体系和治理能力现代化方面取得了长足进步。这一现实促使我们去反思一组常谈常新的问题：西式自由民主是否仍旧是政治发展的唯一道路，而一国的传统文化在政治发展进程中又能够扮演何种角色？

对于这一组问题的研究可谓汗牛充栋，想要做出有新意且有深度的探索并非易事。我在梳理相关资料后发现，既有文献在研究西方自由民主体系时多集中于选举政治这一维度，缺乏从政治系统视角来理解当代政治体系运转的基本逻辑。从政治系统视角来看，一方面，一个政治体的有效运转取决于该系统的输入端能否有效聚合形成民众的真实偏好，并推动政府制定符合普罗大众需求的公共政策；另一方面，政治体的有效运转还取决于对该系统的输出结果进行把控，通过对为政者行为的约束和对政策结果的评价来引导政策执行,使民众的诉求得到回应。换句话说,选举制度之所以备受瞩目,在于它既是政治系统输入端(政治代表)的主要机制,又是政治系统输出端(政治问责)的重要手段。这样一来,本书的研究视角便可从选举政治转向更为具体的代表和问责这两个当代国家治理的基本要件。

在明确了研究的切入点后,本书所面临的第二个难题就在于如何展现儒家思想的当代价值。作为一个失去了制度依托的思想传统,儒家与当代政治实践之间的相关性即便存在,也是较为有限的。为解决这一难题,本书尝试引入规则与美德这一组矛盾关系,将传统儒家伦理与当代政治实践联系起来,使二者在理论层面具有可比较性。其实,规则与美德在治理中的关系同样是一个从古至今绵延千年的话题。但正是因为其延续千年且至今仍未有公认的答案,才为我们从不同角度去解读二者之间的关系留下空间。当代西方政治实践以规则建设为基础,并未给予美德足够的重视。而在儒家政治伦理看来,美德同规则一样,在国家治理中扮演了不可或缺的基础性角色。换句话说,一个完备的治理体系不仅需要完善的规则体系,也需要良好品德的行动者。规则的有效性不仅在于其普遍存在的广泛形式,更在于行使规则的人能够在把握具体情境的基础上,合理恰当地运用规则来应对各类问题。通过讨论规则与美德的关系,儒家政治伦理中所蕴含的美德资源得以充分释放。

为探索儒家政治伦理的当代价值,本书主要采取了归纳和比较的路径来展开研究。以代表概念为例,我的研究起点是大量阅读当代西方政治学文献中关于代表概念的讨论,去探寻代表概念在不同历史时期的内涵流变,并归纳出一个能够被广为接受的代表定义。在厘清西方语境中的代表概念后,我便尝试从先秦儒家经典中提炼出与代表概念相关的论述。在通读《论语》《孟子》等儒家经典的过程中，我会尝试从不同角度归纳儒家对这一概念的看法和理解，并结合当代学者对相关儒家议题的讨论，来进一步验证自身判断。通过对比同一个概念在当代西方和传统儒家中的相似与相异之处，便可挖掘出儒家政治伦理可能对当代政治学理论进行补充或修正的空间。

同时，本书有两章内容是关于儒家社会的代表和问责制度的历史案例分析，这既是对传统儒家社会中所蕴含的当代政治要素的勾画与反思，也是对具体政治实践背后的规则与美德互动逻辑的初步探索，凸显了儒家政治伦理在当代发展中问题意识的自主性。近年来，国内政治学界关于历史政治学的研究方兴未艾。历史政治学作为一种研究方法，可以有效地揭示被西方知识体系所遮蔽的中国政治学的研究问题和实践智慧，推动中国政治学理论体系构建。本书相关章节的讨论与历史政治学存在一定的相似之处，但本书在目前阶段所参考的主要是既有研究文献，使用的一手史料较为有限，这既是本书当前的局限所在，也是后续研究有望获得进一步突破之处。

本书的部分观点曾发表于《文史哲》、《世界哲学》、*Australian Journal of Political Science* 等中英文学术期刊，并在国际中国哲学会、北京大学、厦门大学等机构组织的多场讨论会上宣读，这些内容经更新后收入本书中。

作为中国社会科学院世界经济与政治研究所国际政治经济学研究丛书之一，本书得到了丛书主编中国社会科学院学部委员、世界经济与政治研究所所长张宇燕研究员的指导，我对此表示诚挚谢意。同时，本书的研究工作还得到了中国社会科学院学科建设"登峰战略"资助计划国际政治经济学"优势学科建设"和国家社会科学基金一般项目"有效治理的行政美德基础研究"的支持。在本书各章节的研究、写作和出版过程中，比利时布鲁塞尔自由大学 Patrick Stouthuysen 教授、中国社会科学院世界经济与政治研究所徐秀军研究员、厦门大学公共事务学院王云萍教授、山东大学政治学与公共管理学院院长贝淡宁教授、复旦大学哲学院白彤东教授、美国维斯大学哲学系安靖如教授以及中国社会科学出版社张潜博士等均给予了我悉心指导和大力支持，在此一并表示感谢。

尽管本书的写作和出版得到了多方支持和帮助，但受个人的学术积累和研究时间所限，需要进一步分析和讨论的相关议题还有很多。在下一阶段，我计划将儒家政治伦理的研究视野从国家治理拓展到全球治理，尝试探索百年未有之大变局之下儒家政治智慧的世界启示。最后，我希望借由本书的出版引发更多的学者关注儒家政治伦理的当代价值，并殷切期望广大读者和专家学者提出批评意见和宝贵建议。

田　旭

2022 年 2 月